KB152639

스마트워크 특별전담반

스마트워크 특별전담반

스마트워크 미생에서 완생을 향한 김 과장의 열혈 분투기

김지현 지음

해냄

일은 더 즐겁게 인생은 더 행복하게

저는 초등학교 때부터 공부를 곧잘 해서 반에서 항상 순위권 안이었습니다. 하지만 요령이 없었던 탓인지, 목표가 높았던 탓인지 삼수를 하고 나서야 겨우 대학에 입학할 수 있었습니다.

어렵게 들어간 대학이지만 전공 공부보다 컴퓨터와 게임에 빠져 학사 경고를 두 번이나 맞으며 위기를 겪기도 했지요. 정신차리고 학업에 전념하여 성적을 잠시 올릴 수는 있었지만 전공에 관심이 없었던 탓에 지속적이지 않았습니다.

반면, 좋아서 파고 들어간 컴퓨터는 대학생활 내내 저를 온전히 미치고 몰입하게 만들었습니다. 처음에는 게임이나 채팅에 흥미를 가지다 점차 컴퓨터 기술 자체에 매료되었고, 그렇게 터득한 컴퓨터 지식을 바탕으로 제 이름으로 책도 집필하고 강연도 하는 강사로 자리 잡게 되었습니다. 취미로 시작한 컴퓨터를 직업으로 갖게 된 것이지요.

1인 기업가에서 스타트업, 그리고 대기업까지 두루 경험한 제 인생을 크게 나눠보면 세 부분으로 볼 수 있습니다. 첫 번째 시기는 하고 싶은 일을 하던 때입니다. 컴퓨터를 좋아했고, 그로 인해 회사에 입사해 컴퓨터를 기반으로 한 인터넷 비즈니스를 했지요. 2000년대 초반 벤처 붐을 타고 스타트업을 경험했지만 직장생활이 그렇게 즐겁지 않았습니다. 회사의 문화와 조직, 시스템이 갖춰지지 않은 스타트업이다 보니 A부터 Z까지 직접 시행착오를 하며 만들어야 했습니다.

두 번째 시기는 할 수 있는 일을 하던 시기였습니다. 그간 스타트업에서 하고 싶은 일을 하며 배웠던 역량을 바탕으로 마음껏 일에 활용했습니다. 이미 시스템과 조직을 갖추고 있던 다음커뮤니케이션에 입사해 모바일, 스마트TV 등의 다양한 일을 진행했습니다.

세 번째는 지금이라고 할 수 있는데, 해야만 하는 일을 하는 시기입니다. 그간 한번도 해보지 않았고 내가 가진 역량과는 거리가 먼 영역의 일들을 해야만 했습니다. 사용하지 않던 근육들까지 모두 이용해야 했지요. 그 과정에서 새로운 업무를 경험하며 더 큰 것을 깨달을 수 있었습니다. 해야만 하는 일을 잘해냈고, 그 일은 잘할 수 있는 일이 되었으며, 더 나아가 하고 싶은 일이 되고 있습니다.

1인 기업가로도 활동했고, 작고 큰 다양한 기업에서 직장인의 삶을 살아본 제게 많은 이들이 왜 창업을 하지 않느냐고 이야기합니다. 사실 우리 모두에게는 창업과 취업의 갈림길이 있습니다.

어떤 길을 선택하든 가보지 않은 길에 대한 걱정과 의구심은 버리고 현재에서 최선을 다해 실행해 보라고 권하고 싶습니다. 지금 이 순간 행복하게 일하는 것이 중요합니다.

사회생활을 시작한 사람들에게 직장은 제2의 가정과 같습니다. 하루 24시간 중 절반 이상을 직장에서 보내는 만큼 직장이 즐겁지 않으면 인생이 즐거울 리 없지요.

좋아하는 일이 직업이 되면 직장생활이 즐거워집니다. 그런데 이런 이상적인 경우를 주변에서 많이 보았나요? 아마도 일부 직장인들의 성공담에서나 발견할 수 있을 뿐 대부분은 그렇지 않습니다. 기대에 못 미치는 실적, 불편한 상사와의 갈등, 강압적인 조직 문화, 동료와의 마찰 등으로 괴로운 것이 일반적인 우리의 현실입니다. 왜 그럴까요? 꼭 이것이 우리의 '직장생활'이어야 하는지 한번 생각해 볼 필요가 있습니다.

대부분 하고 싶은 일을 직업으로 선택하지 못하는 경우가 많습니다. 본인이 하고 싶은 일이 무엇인지조차 모르는 사람도 많지요. 운이 좋아 하고 싶은 일을 직업으로 가졌더라도 잘해내지 못해 좌절감과 스트레스에 허우적대는 경우도 많습니다.

사실 하고 싶은 일을 직업으로 선택하는 복은 누구에게나 찾아오지 않습니다. 그럼에도 불구하고 많은 자기계발서에서는 이 말을 앵무새처럼 반복합니다. 방황하던 직장인들은 하고 싶은 일을 찾아 지금의 직장과 직업을 버리고 과감하게 도전합니다.

그렇게 해서 하고 싶은 일을 찾아 행복해지면 다행이지만 그런 경우는 드뭅니다. 이유는 하고 싶은 일에 대한 우리의 역량과 그 일을 해야 하는 직장이 내가 기대했던 바와 다르기 때문입니다. 결국 중요한 것은 일 자체가 아닌 역량과 직장의 문제라고 할 수 있지요.

역량은 엉덩이와 머리로 키워갈 수 있습니다. 즉, 노력과 똑똑함이라는 변수가 역량을 만들어가지요. 노력은 열정을 땔감으로 삼아 불타오르고, 열정은 하고 싶은 일을 하거나 가치 있는 일, 해야만 하는 일을 할 때에 샘솟습니다.

'똑똑함'은 타고 나는 것이지만, 후천적으로 길러지기도 합니다. 훌륭한 선생님, 멘토, 선배, 상사와 함께하고, 적절한 도구가 주어지면 누구라도 똑똑해질 수 있습니다.

직장은 여러 사람이 모여 있고, 오랜 시간 내려오는 기업 문화와 분위기가 있기에 한 개인의 노력이나 태도로 조직생활의 문제를 해결하기에는 한계가 존재합니다. 특히 사람들과의 관계로 인한 직장생활의 어려움은 나 혼자 극복하기 힘듭니다.

물론 변화가 불가능한 것은 아닙니다. 조직개편과 인사발령, 부서이동 등으로 인한 변수가 있기 때문입니다. 나의 자발적인 의지에 의한 퇴사도 즐겁지 않은 직장생활을 벗어날 수 있는 방안일 수 있습니다.

그러나 퇴사를 고민하기 전에 자신을 먼저 돌아보라고 권하고 싶습니다. 개인의 역량이 눈에 띌 정도로 성장하면 직장의 문제를 해결할 수 있는 기회가 보이게 마련입니다. 역량이 높으면 회사에서 무시할 수 없고 대우와 인정을 해주며 그에 따라 발언권과 권한의 범위가 넓어져 변화를 주도할 수 있는 기회를 얻을 수 있기 때문이지요. 또한 그 역량 덕분에 더 나은 직장으로 옮길 수 있는 가능성도 넓어집니다.

결국 자신의 역량을 높이는 것이 중요합니다. 업무력이 높으면 그 일이 설사 내가 하고 싶은 일이 아니라도 높은 업무 역량 덕분에 회사의 인정과 주위의 독려를 받으며 일로 인한 즐거움이 커집니다.

결국 잘할 수 있는 그 일이 궁극적으로 하고 싶은 일이 되는 것이지요. 하고 싶은 일을 찾아 정처 없이 떠도는 것보다 지금 하고 있는 일을 잘할 수 있게 만들면, 그것이 곧 내가 하고 싶은 일이 될 수도 있다는 이야기입니다.

저는 현대의 직장인들은 용병이라고 생각합니다. 평생직장의 개념이 사라진 지금 우리는 여러 직장을 옮겨 다니며 오로지 자신의 실력으로 승부해야 하기 때문이지요.

용병은 그 나라의 병사보다 더 강해야 하며, 전쟁에 임할 때 그 나라의 병사보다 더 충성심을 가지고 싸워야 합니다. 전쟁에 임할 때에는 물러나지 않고 내 조국처럼 싸우지요. 전쟁이 끝나고 주어진 임무를 다해 계약이 종료되면 새로운 계약에 충실해야 합니다.

어설픈 주인의식이나 동정보다는 강한 전투력과 임전무퇴의 정신력만이 용병이 가져야 할 경쟁력이라고 생각합니다. 직장인들이 가져야 할 핵심 경쟁력은 업무력입니다. 업무력을 위해 강한 방패와 무기가 필요하지요.

이 책은 여러분이 지금 하고 있는 그 일을 보다 잘할 수 있게 만들어주는 업무력에 대해 이야기합니다. 직장인으로서의 역량을 극대화할 수 있는 방법들을 제시하는 이유는 단순무식하게 일을 더 많이 더 잘하기 위해서가 아니라 일을 더 즐겁게 하기 위해, 더 행복해지기 위해서입니다. 직장생활이 즐거워야 하루가 즐겁고, 그래야 내 가정과 삶이 행복해집니다. 이것은 저의 경험담에서 나온 산물이기도 합니다.

변화와 혁신의 디지털 사회에 적응이 어려워 조직개편에서 살아남을 수 있을까 전전긍긍인 임원, 10년 넘게 한 조직의 시스템에 익숙해져 고정관념의 화석이 되어버린 팀장, 회사와 상사에 대한 불만과 멘토에 대한 갈증으로 하루하루 버티기 힘든 과장, 부푼 희망과 꿈을 안고 입사했지만 기대한 직장생활과는 너무도 다른 현실 때문에 매너리즘에 빠져 있는 대리, 열정으로 똘똘 뭉쳐 무엇이든지 해내고 싶지만 적절한 롤 모델을 찾지 못한 신입사원에게 이 책이 자기 변화의 동기부여와 방법을 제시한다면 더 바랄 것이 없습니다.

이 책에서 제시하는 무기들을 활용해 강한 직장인으로 거듭날 수 있기를 바랍니다. 즐겁고 행복한 회사로 출근하는 그날까지, 당신을 응원합니다.

High risk, High return.
High pain, High happiness.
(단, risk나 pain을 극복했을 시에⋯⋯)

2015년 10월
김지현

·ᕯ· 차례

김민호(35세)

"성과는 없지만 열심히 일하는 성실맨"

한강유통 과장. 입사 후 기획부 소속으로 성실하게 회사를 다녔지만 뚜렷한 성과를 낸 적 없는 실속이 없는 인물. 어느 날 갑자기 신규 사업 태스크포스 팀으로 발령받아 스마트워크를 억지로 시작하게 된다. 그러나 스마트워크라고는 ㅅ자도 모르고, 스마트 기기는 스마트폰으로 게임을 하거나 아이들 뽀로로 보여주는 용도로만 사용할 뿐이다. '자의반 타의반' 다양한 디지털 도구들을 통해 일하는 재미를 알아가며 인간적으로도 성장해 간다.

송강윤(45세)

"IT 업계의 전설, 태스크포스 팀 리더"

한강유통 마케팅부 총괄이사이자 태스크포스 팀의 리더. 취미로 시작한 컴퓨터를 전공보다 잘해서 책까지 낸 IT 업계의 전설적인 인물이다. 한강유통으로 스카우트되어 태스크포스 팀에게 스마트 워크의 중요성을 강조하고 직원교육에 힘을 기울인다. 각종 기기와 프로그램 사용에 능해서 회의와 보고서 등 시간이 많이 걸리던 작업을 신속히 정리하며 효율적인 업무력의 모범을 보여준다. 소탈한 성격으로 사람들과 소주 한 잔 기울이는 것도 좋아하지만 일을 할 때는 논리적이고 합리적인 방식을 고수한다.

박덕규(50세)

"20년 이상 현장에서 잔뼈가 굵은 인맥왕"

영업부 부장으로 있다가 태스크포스 팀의 팀장을 맡게 된다. 저돌적인 성격으로 자기 사람이라고 생각하면 큰 실수도 껴안고 챙기지만 적이라고 생각하는 사람은 가차 없이 냉혹하게 대한다. 포기하지 않고 억척스러운 직원에게 '덕규스럽다'라는 말을 할 정도로 끈기를 가지고 목표를 달성하는 데 탁월하다. 회식을 목숨처럼 사랑하며 전형적인 영업맨으로 현장에서 잔뼈가 굵은 스타일. 예전 업무방식을 고수하려는 그에게 스마트워크는 영 불편하기만 하다.

신기헌(29세)

"상사 눈치 제로, 개인주의자 막내"

태스크포스 팀의 막내. 외국 생활에 익숙해서 권위에 주눅들지 않고 하고 싶은 말이나 의견이 있으면 직접 물어본다. 개인주의자로 상사의 눈치를 보는 데도 무관심하다. 예전에 기획부에서 민호와 일할 때의 모습은 '나 홀로 잘난 골칫덩어리'였지만 차츰 팀워크를 배우며 팀 안에서 함께 능률을 내는 법을 익히게 된다. 강윤의 스마트한 능력을 선망하면서 제2의 송강윤을 꿈꾼다.

낯선 시작

새벽 5시.

삐비비빗. 오늘도 어김없이 알람이 울렸다. 민호는 눈도 뜨지 못한 채 끙, 소리를 내며 몸을 뒤척였다. 영어학원에 다닌다고 알람을 맞춰두었지만 제대로 일어난 적은 없었다.

"안 일어나?"

아내가 이불을 걷어내며 물었지만 민호는 다시 이불을 끌어당겼다.

"못 일어나. 애들은?"

"안방으로 쳐들어오지 않는 걸 보면 아직 꿈나라에 있는 거지. 참, 오늘 저녁에 쌍둥이 데려오는 거 알지? 절대, 절대, 잊으면 안 돼."

"알았어. 7시까지지?"

아내는 3년 만에 동창회에 가는 날이라며 2주일 전부터 귀에 딱지가 앉을 정도로 말했다. 민호는 고개까지 끄덕이며 알았다고 말하고 다시 이불을 뒤집어썼다.

5분만 더 잔다는 게 늦잠을 자버렸다. 지하철역의 플랫폼은 사람들로 발 디딜 틈이 없었다. 지하철을 두 대나 그냥 보내자 마음이 조급해졌다. 오늘은 회사의 새로운 비즈니스 모델을 개발하는 업무를 추진하기 위해 꾸려진 태스크포스 팀으로 발령을 받아 출근하는 첫 날이었다.

신임 이사가 온 이후로 회사는 이런저런 움직임으로 복잡했다. 부서 이동이야 드문 일이 아니었지만 새로 만들어진 팀이다 보니 공연히 마음도 뒤숭숭했다.

민호는 기획부에서 식품사업을 담당하고 있었다. 입사 때부터 기획부에서 일을 했지만 최근 회사는 3년째 성장 없이 제자리걸음이었다. 현상유지라면 그나마 다행이었지만 현실은 훨씬 더 위태로웠다.

겉으로 보기에는 매출이 5퍼센트가량 늘었지만 비용과다로 영업이익은 역성장하고 있는 상황이었다. 새로운 성장 동력을 이끌어내기 위해서도 신규 사업 추진은 필수적이었다. 이런 상황에서 꾸려진 태스크포스 팀이었으니 부담이 클 수밖에 없었다.

라이벌 회사인 선우유통은 이미 새로운 시장 선점을 위해 전력투구하고 있었다. 1인 가구를 위한 식재료를 개발해 공격적인 마케팅을 펼치고 있었던 것이다.

당황스러운 일이었다. 1인 가구를 위한 식재료 개발은 한강유통에서 1년 전부터 준비해 오던 기획이었다. 선우가 치고 나가는 바람에 총알을 준비하고서도 쏘는 시간이 늦었으니 발등에 불이 떨어져도 제대로 떨어진 셈이다.

게다가 전통적으로 현장 영업은 한강유통이 강세였지만 마케팅은 상대적으로 선우유통에 밀리는 형편이었다. 마케팅을 총괄하는 이사를 영입한 것도 선우유통을 견제하기 위한 의도가 깔린 게 틀림없었다.

태스크포스 팀은 최전방에 설 정예부대였다. 투자와 운영비를 최소화하고 사업 다각화를 꾀하는 것이 최종 목표일 것이다. 회사의 방침은 민호도 이해했다. 하지만 여전히 이해가 되지 않는 사실이 한 가지 있었다.

'그런데 왜 나지? 내가 왜 태스크포스 팀에⋯⋯?'

생각지도 않았던 자리였다. 승진이 안 되는 만년 과장이라 떨거지로 간 건가, 별의별 생각이 다 들었다. 하지만 그러기엔 총괄이사가 직접 지휘하는 것도 그렇고, 명색이 '특별전담 대책본부'인데 그럴 리는 없다는 생각도 들었다. 그러나 역시 자신이 뽑힌 이유는 알 수 없었다.

'게다가! 그 인간도 있단 말이지!'

영업부 부장 박덕규.

그를 떠올리자 몸이 부르르 떨렸다. 덕규는 태스크포스 팀의 팀장이었다. 회사에서 절대로 같이 일하고 싶지 않은 사람이 있다면 바로 덕규였다.

그는 자기 사람이라고 생각하면 큰 실수도 껴안고 챙기지만 적이라고 생각하는 대상에 대해선 가차 없이 냉혹했다. 그에게 한번 밉보인 사람은 회사에 발붙이기 어려울 정도였다.

회사는 전통적으로 영업을 기반으로 성장한 유통회사였다. 당연히 영업부의 입김이 가장 셀 수밖에 없었다.

'골치 꽤나 아프겠는데……'

신입 이사는 마케팅 전문가였고 덕규는 영업 현장에서 잔뼈가 굵은 사람이었다. 회사에도 마케팅부가 있었지만 3년 전에 영업부로 통폐합되었다.

이름이야 남들 보기에도 그럴듯한 영업마케팅부였지만 그 과정에서 마케팅 팀장을 비롯해 팀원들이 줄줄이 사표를 썼다. 이런 상황에서 마케팅 총괄을 맡은 신임 이사가 태스크포스 팀의 지휘관이라니. 덕규와의 갈등은 불 보듯 뻔한 일이었다.

'이미 선우가 선점하고 있는 상황에서 뒤늦게 뛰어들어 봤자 본전도 못 찾는 거 아닐까? 게다가 마케팅 총괄이사 한 사람의 힘이 크면 얼마나 크겠어? 괜히 분위기만 쑤셔놓고 사태 수습이 제대로 안 되면 어떡하지? 가뜩이나 이래저래 일이 많은데 괜히 잔업만 늘어나는 거 아냐?'

신규 사업이 성공해서 회사 분위기가 바뀌고 이윤이 더 늘어난다면 당연히 좋은 일이었다. 그러나 섣부른 판단으로 업무만 복잡해진다면 태스크포스 팀이 해체된 후 자신이 다시 돌아갈 자리가 남아 있을지 은근히 걱정스럽기도 했다.

생각에 생각을 거듭하다 보니 벌써 회사 앞이었다. 전철 문이 열리자마자 뛰기 시작했다. 숨이 턱에 차도록 헉헉대며 달렸지만 지각이었다. 모두 회의실로 갔는지 사무실은 텅 비어 있었다.

숨을 돌릴 새도 없이 회의 자료를 챙겨서 회의실로 뛰어갔다. 심호흡을 하고 회의실 문을 열었다.

'으아악!'

민호는 하마터면 비명을 지를 뻔했다. 회의실에 들어서자마자 만나고 싶지 않은 사람이 덕규 한 사람이 아니었다는 사실을 뒤늦게 깨달았던 것이다.

Step 1

스마트워크는
시간 관리부터

01

태스크포스 팀의 사람들

"오늘 회의는 새로운 비즈니스 모델을 개발하는 업무를 추진하기 위한 자리입니다. 1인 가구를 위한 식재료를 개발하고 유통하는 일과 관련된 내용이라는 건 다들 아실 겁니다.

회의를 시작하기 전에 간단히 자기소개부터 할까요? 저부터 하죠. 마케팅 총괄이사 송강윤입니다. 1년 동안 태스크포스 팀을 이끌 예정입니다. 잘 부탁합니다."

박수 소리가 끝나기도 전에 민호는 튀어나올 듯한 비명을 참느라 혀를 깨물었다. 싸가지라고 소문난 후배 신기헌이 자신을 보며 알 수 없는 미소를 짓고 있었다.

기헌은 입사 초기 기획부에 있다가 1년 후에 개발부로 옮겼지만 그 1년

동안 마음고생을 한 걸 생각하면 순식간에 10년은 더 늙을 것 같았다. 할 수만 있다면 이대로 회의실을 나가고 싶었다. 민호는 일부러 펜을 떨어뜨리고는 줍는 척하면서 숨을 깊이 내쉬었다.

"다음은 가장 막내인 것 같으니 제가 하겠습니다."

넉살 좋게도 기헌이 먼저 자청하고 나섰다.

"개발부에서 온 신기헌입니다. 태스크포스 팀이 만들어지다니, 우리 회사에도 드디어 개혁의 바람이 부는군요. 구태의연한 방식으로는 더 이상 업계에서 살아남기 힘들다고 생각합니다. 그런 의미에서 저희 팀이 혁신에 앞장서길 바랍니다. 여기 모이신 분들도 모두 각 부서에서 출중한 능력을 자랑하는 분들이었던 걸로 알고 있습니다. 세계화의 전략에 맞춰……."

'혁신'이라든가 '출중한 능력'이 뭔지는 모르겠지만 기헌이 언변에 능한 것은 사실이었다. 화려하고 리드미컬한 말솜씨는 나무랄 데가 없었다.

"……회사를 위해서 할 수 있는 모든 일을 하고 싶습니다."

기헌이 초강력 레이저 눈빛을 쏟아내면서 마무리를 지었다. 박수를 받으며 자리에 앉은 기헌은 의기양양한 모습이었다. 열정적으로 보였고, 회사를 살릴 슈퍼맨처럼 보였다. 젊은 기헌에 비하면 자신은 늙은 퇴물인 것 같아 씁쓸했다.

"기획부에서 온 김민호입니다. 최선을 다하겠습니다. 감사합니다."

앞의 두 사람에 비하면 짧은 인사말이었다. 눈에 빤히 보이는 입에 발린 말을 하기도 싫었거니와 실제로 어떤 일을 하게 될지도 모르는데 아는 척하고 싶지도 않았다. 하지만 자리에 앉으니 자신이 조금 한심하게 느껴졌다. 회의가 시작되기도 전에 피로가 몰려왔다.

"지금까지 저희 회사는 끈끈한 인맥으로 기반을 잡아왔습니다. 회장님 대에서부터 시작된 인연이 지금 사장님 대까지 이어져온 것이죠. 여기는 보수적인 동네입니다."

걸걸하면서도 거침없는 목소리는 덕규였다. 민호는 슬며시 고개를 숙이며 눈치껏 인사했다. 하지만 덕규는 눈썹을 한 번 쓱 올렸을 뿐 민호를 보는 둥 마는 둥 하더니 자신이 하던 말을 계속했다.

민호가 계속 몸담고 있던 기획부와 덕규가 지배하는 영업부는 회사 창업 이래 지금까지 이상하게도 사이가 좋지 않았다. 기획부 팀장과 덕규는 거의 견원지간에 가까웠다.

'우리 애들도 떨어진 자리에 기획부 인간이라니…… 허, 이것 참!'

덕규는 내심 못마땅했다. 현장에서 이리 뛰고 저리 뛰며 발바닥에 불이라도 붙은 듯 뛰어다니는 사람들은 따로 있는데 에어컨 빵빵하게 나오는 사무실 책상 앞에 앉아서 컴퓨터 자판이나 두드리다가 회의 때 리서치가 어쩌고저쩌고, 소비자 욕구가 이러쿵저러쿵하는 인간들만 보면 속에서 부아가 치밀었다.

못마땅한 일은 한두 가지가 아니었다. 태스크포스 팀이니 뭐니 이름만 거창하지 하등 쓸데없는 것을 만들어서 요란을 떠는 것 자체가 성미에 맞지 않았다. 덕규의 목소리에 아까보다 힘이 들어갔다.

"솔직히 이사님께서 마케팅 전문이시라고는 해도 우리가 일하는 방식은 현장 영업을……."

"저를 필요로 하신 분은 사장님이셨습니다."

"아, 그건 그렇지만……."

"그리고 우리가 무엇을 어떻게 할지는 곧 알게 될 겁니다."

차분한 목소리였다. 덕규는 더 이상 아무 말도 하지 않았다. 회의실 공기가 빽빽하게 느껴질 정도로 밀도가 높아졌다. 흡사 무림고수들이 숨 막히는 합을 벌이는 분위기였다.

덕규는 입을 꾹 다문 채 팔짱을 꼈다. 불편한 심기가 온몸으로 뿜어져 나오고 있었다.

'1패.'

민호는 속으로 가만히 중얼거렸다. 누가 보아도 확실히 덕규의 패였다. 그러나 가만히 있을 덕규도 아니었다. 곧 반격해 올 것이다. 사장과 회장을 빼고 덕규는 회사에서 그 누구도 무서워하지 않았다.

직급은 강윤이 위였지만 나이는 덕규가 위였다. 게다가 한 회사에서 20년 이상 잔뼈가 굵은 사람이니 강윤에게 덕규는 껄끄러운 존재일 것이다.

그러나 조금은 긴장한 듯 보이는 다른 사람들과 달리 강윤은 부드러운 미소를 잃지 않고 있었다. 몸에 밴 침착함은 초속 3,000미터의 광풍이 불어도 끄떡없을 것 같은 의연함마저 느끼게 했다.

'사장님이 직접 스카우트해 왔다고 했지. 그런 이사님이 직접 꾸린 태스크포스 팀이라……'

어떤 기준으로 태스크포스 팀을 꾸렸는지 궁금했다. 수많은 시나리오가 생겼다가 사라졌다.

'혹시 나, 나도 모르게 회사의 숨은 인재였던 거 아냐?'

기분 좋은 상상이었지만 3초 만에 폐기처분되었다. 그렇다고 우기기에는 자신이 생각해도 너무 뻔뻔했다. 다만 얼마 전에 기획부 팀장이 한 말이 생각났다.

"김 과장, 좋은 기회가 될 거야."

"뭐가요? 태스크포스 팀이 사라지고 난 후에 기획부에 제 자리 없어지는 거 아니고요?"

반은 농담으로 한 말이었다. 하지만 팀장은 웃지 않았다. 갑자기 가슴이 철렁 내려앉았다.

"꼭 기획부에서 일할 이유가 있나."

"간 떨어지게 왜 그러세요, 팀장님."

"이건 감이지만…… 우리 회사에 앞으로 지각 변동이 일어날 거야."

"지각 변동이요?"

"응. 완전히 새로운 모습으로 탈바꿈할 것 같단 말이지."

기획부 팀장은 거기까지만 말하고 알 수 없는 미소를 지었다.

민호는 팀원들을 한 명씩 천천히 바라보았다. 개혁과 혁신의 중심에 서 있는 이 팀에서 각자 어떤 일을 하게 될지 아직은 모를 일이었다. 오직 덕규만이 이맛살을 찌푸리고 있었다.

02

오늘부터 투 두 리스트 작성하기

"인사도 다 한 것 같으니 바로 회의에 들어갈까요? 현재 하나백 화점과 접촉하고 있는 담당자는 누구입니까?"

"아, 네. 저, 접니다."

딴 생각에 빠져 있던 민호는 자리에서 벌떡 일어났다. 하지만 사람들의 눈길이 쏟아지자 자리에 다시 얼른 앉았다. 덕규와 강윤의 팽팽한 신경전을 보고 난 후여서 그런지 긴장감이 평소와 달랐다.

"보고서에는 최근 3일 동안의 진행 상황이 빠져 있는데요?"

"네. 3일 전에 이메일을 받고 아직 연락을 못 했습니다."

"왜죠?"

"그게…… 급하게 연락할 일은 아니었고, 또 상황이 바뀔 수가 있을 것 같아서……."

"3일이나 지났는데 연락을 안 했다고요?"

민호는 이게 그렇게까지 큰일인가, 싶어 질문의 의도를 생각하느라 머뭇거렸다.

"평소 거래처 이메일에 어떻게 답변합니까?"

"필요한 자료 요청이거나 사안에 대해 결정이 필요한 경우 이쪽 회의를 거쳐서……."

"그런데 이 일이 왜 3일씩이나 걸린 건가요?"

"저기 그게……."

'사실은 잊어버렸습니다'라고 말할 수는 없다. '팀 이동이 결정된 후 마음이 복잡해서 그만 깜박 잊고 말았습니다'라고는 더더욱 말할 수 없었다. '그게 그렇게 중요한 일인가요?'라고 자신의 속마음을 드러내는 일은 입이 찢어져도 말하지 않을 것이었다.

에어컨이 빵빵하게 나오는 회의실 온도가 갑자기 급상승한 것처럼 더워졌다.

"바로 답변을 보낼 수 있는 내용인 것 같은데 즉각 답변을 못한 이유가 있습니까?"

"좀더 검토가 필요한 사항이라고 생각했습니다."

"어떤 점에서요?"

"입찰시기도 그렇고, 견적서도 확실하지 않아서……."

"입찰시기는 여기에 명시된 대로 한 달 전에 정해졌고, 견적서 내용도 달라질 것은 없어 보이는데 정확한 설명을 좀 해주겠어요?"

질문이 연이어 이어졌지만 민호는 한 가지도 제대로 대답을 못했다. 그도 그럴 것이 거래처에 문의를 해서 답을 받아야 알 수 있는 내용들이었기 때문이다.

자신이 제때 이메일을 보내서 답을 받았으면 바로 알 수 있는 내용이었기에 더욱 속이 탔다. 차례로 보고가 이어지고 강윤이 간단하게 할 일을 정리했다.

"신규 사업 진행을 위해선 태스크포스 팀 내부에서부터 변화가 일어나야 합니다. 그러기 위해서는 소프트웨어와 하드웨어, 두 가지 트랙을 동시에 움직여야 합니다. 하나는 신규 사업 프로젝트를 진행하는 일이고 또 한 가지는 스마트워크 시스템을 갖추는 일이죠."

"스마트워크 시스템이요?"

"쉽게 말하면 일을 잘하기 위한 방법이에요. 일을 잘하려면 두 가지 방법이 있습니다. 한 가지는 죽어라고 하는 방법입니다. 전자는 철야, 야근, 휴일 및 휴가 반납, 워커홀릭으로 가는 길입니다. 24시간 일을 해도 24시간이 부족하지요."

민호는 몸을 부르르 떨었다. 신입 때부터 대리를 달기까지의 삶이 떠올라서였다. 그건 인간의 삶이 아니었다. 그냥 '직장에 다니는 생물'이라고 해야 할까?

일주일은 '월화수목금금금'이었고, 야근과 철야는 하루 세 끼 먹는 밥보다 친근했다. 그렇게 몇 년씩 살고도 썩어 문드러지지 않고 살아남은 것이 신기할 정도였다.

"다른 한 가지 방법은 뭔가요?"

기헌이 거침없이 물었다.

"두 번째는 스마트워크입니다. 지식과 지혜로 똑똑하게 일하는 방법이지요. 쉽게 배우고 사용할 수 있는 도구를 통해 양보다 질을 추구하는 길입니다. 그럼 스마트워크의 목표가 뭘까요?"

강윤이 민호를 바라보았다.

'이사님, 질문은 신 대리가 했는데 왜 저를 보시나요?'

민호는 회의 자료를 보는 척하면서 슬며시 고개를 떨구었다. 혹시라도 "김 과장은 어떻게 생각하나요?"라는 말을 들을까 봐 최대한 자신의 존재를 흐릿하게 하려고 애썼다. 이 순간만큼은 수명을 줄여서라도 투명 인간이 되고 싶었다. 팀원들의 침묵이 길어지자 강윤이 다시 말을 이었다.

"하하하. 너무 어렵게 생각하시는 것 같은데요? 스마트워크의 목표는 업무력을 키우는 것입니다. 어려운 기기들을 사용해서 현란한 기술로 일하는 것이라는 오해를 하지 않으면 좋겠네요. 업무력을 높이기 위해서 가장 중요한 것은 할 일부터 잊지 않는 것이지요. 오늘부터 '투 두 리스트To do list'를 쓰도록 하세요. 도구로는 구글캘린더Google calendar나 지태스크GTask를 권합니다."

강윤은 자신의 스마트폰을 꺼내더니 노트북에 연결했다. 몇 가지 간단한 손동작이 끝나자 회의실 프로젝트 화면에 바로 구글캘린더가 떴다.

자연스럽게 일정과 담당자를 확인하며 회의를 이끌어갔다. 현재까지의 정확한 업무파악은 물론 앞으로 해야 할 일이 무엇인지 일목요연하게 정리되어 갔다.

"앞으로 팀원들 일정도 공유하려고 하니까 오늘 안으로 설치하고 사용법을 익혀두세요. 스마트워크는 일을 제대로 하는 법에 기초를 두는 겁니다. 그러기 위해서는 습관을 잡는 게 중요하죠. 특히, 미루지 않아야 되는 일부터 끝내시고요. 이건 권유가 아니라 업무지시 사항입니다."

회의가 끝났다. 사무실로 돌아와서도 민호는 마음이 복잡했다. 할 일이 태산 같은 상황에서 해야 할 일이 한 가지 더 늘어난 것 같아서 귀찮기도 했다.

'구글캘린더? 까짓거 포스트잇에 써서 붙여두면 되지. 애들도 아니고 할 일부터 잊지 말라니……'

강윤이 마지막에 한 말은 자신한테 한 말임에 틀림없었다. 첫 날부터 찍힌 것 같아 앞날이 막막하게 느껴졌다. 먹구름이 잔뜩 낀 얼굴로 업무 파일을 여는데 기헌이 다가왔다.

"과장님, 잘 지내셨어요?"

"어? 어, 그래. 신 대리도?"

"저야 뭐. 개발부에 있으려니 과장님이랑 같이 있던 기획부 시절이 그리워지더라고요. 다시 뵈니 반갑네요. 그런데 구글캘린더 이미 쓰고 계시죠?"

"응? 어, 그게, 그럼 쓰고 있지."

"안 쓰셨구나. 그러니까 이사님께 한 소리 듣죠."

그렇게 콕 집어서 말을 안 해도 될 것을. 역시 얄미운 녀석이다.

"그런 것도 모르면 퇴물 소리 듣는다고요."

"일정이야 회사 다이어리에 기록해 두는데 뭐가 다른가?"

민호는 애써 평정심을 유지하면서 스마트폰으로 검색을 시작했다.

"써보시면 알아요. 참, 구글캘린더는 모바일보다는 웹 버전이 더 특화되어 있어요. 컴퓨터로 찾으시는 게 더 나을 걸요?"

"어, 그래?"

컴퓨터를 켜고 다시 검색하는데 기헌은 여전히 가지 않고 또 한 마디 했다.

"스마트폰으로 연동해서 쓰더라도 스케줄 항목 등을 설정해야 효율적이에요."

"어, 그래?"

같은 말을 바보처럼 반복하고 있는 것도 모르고 민호는 기헌이 하라는 대로 하고 있었다.

"업무용 컴퓨터에 먼저 구글캘린더를 깐 다음 일정관리를 표시하세요. 스마트폰 줘보세요."

민호가 스마트폰을 건네자 기헌은 마치 자신의 것인 양 익숙하게 찾아서 앱을 깔았다.

"캘린더 일정은 컬러로 구별이 가능하니 마음에 드는 걸로 고르시고요. 참, 이사님이 말씀하신 일정 공유 말인데요, 참석자 추가 기능을 쓰면 되니까 참고해 주세요."

"오케이."

대답은 시원하게 했지만 은근히 기가 죽는 게 느껴졌다. 앞으로 익숙하지 않은 기기나 프로그램들을 배우고 익히려면 시간이 걸릴 것이었다.

"신 대리, 잠깐 나 좀 볼까. 팀 일정 공유 건 때문에 말인데……."

덕규가 기헌을 부르는 소리가 들렸다. 팀 일정 공유 때문이라고는 해도 덕규는 구글캘린더 검색부터 난관일 것이다. 일을 할 때는 저돌적인 멧돼지처럼 변하는 덕규였지만 스마트워크 앞에서는 그 또한 서툴기 짝이 없을 것이다.

'하긴 팀장님이나 나나 다를 게 뭐 있나. 스마트폰은 그저 전화기일 뿐이고, 아니면 게임기일 뿐이고. 아이패드는 애들 뽀로로용일 뿐이고.'

퇴근시간이 지났지만, 오늘 같은 날 벌떡 일어나서 칼퇴근을 할 수는 없었다. 거래처에서 온 이메일을 처음부터 다시 확인하려는데 전화벨이 울렸다. 아내 경인이었다.

'별일일세. 이 시간에 왜 전화를……?'

고개를 갸웃거리며 전화를 받았다.

"당신 출발했지?"

"어디로?"

"뭐야, 오늘 쌍둥이 데리러 가기로 했잖아!"

"아아아~!"

"진짜! 몰라, 어쩔 거냐고!"

아내의 목소리가 점점 커지고 있었다. 민호는 주변의 눈치를 살피면서 고개를 숙였다.

"나 오늘 퇴근 일찍 못 해. 회사에 급한 일이 생겼어. 아침부터 회의가……."

설명하기도 전에 일방적으로 전화가 끊겼다. 뚜, 뚜~ 소리를 들으며 민호는 혀를 쯧쯧 찼다. 할 일 관리는 단순히 일정을 확인하는 게 아니었다. 그 핵심은 '오늘 무엇을 하느냐'였다.

"휴우우우, 김민호! 정말 어떡하지, 너?"

길고 힘들었던 하루가 끝나가고 있었다.

'할 일 관리' 앱의 활용

구글캘린더의 할 일 관리를 이용할 때 편리한 점은 PC와 스마트폰과 연동해서 할 일을 쉽게 확인하고 관리할 수 있다는 점이다. 스마트폰에서도 수시로 오늘 해야 할 일, 금주에 해야 할 일, 과거에 했던 일들을 일목요연하게 확인할 수 있기 때문에 빠뜨리지 않고 업무관리를 효율적으로 할 수 있다. 대표적인 앱으로 포켓인포먼트Pocket informant, 칼렌구Calengoo, 지태스크Gtask 등이 있다.

03

이메일의 역습

김 과장, 하나에서 보낸 이메일 좀 볼 수 있을까요? 지난 회의 때 얘기 나온 거요.

메신저로 강윤의 메시지가 떴다. 번개같이 회사 메일함을 열었다. 받은 메일함에는 엄청나게 많은 이메일이 쌓여 있었다. 빛의 속도로 거래처에서 온 이메일을 뒤졌다. 그러나 찾고 있는 이메일이 '나 여기 있소'라고 툭 튀어 나올 리는 없었다. 끝없이 이어지는 re, re, re를 보며 민호는 패닉이 되어갔다.

"으악!"

자신도 모르게 비명소리가 나왔다. 갑자기 컴퓨터 화면이 멈춘 것이

다. 어느새 다가온 강윤이 화면을 보고 있었다. 민호는 더듬거리면서 겨우 말을 꺼냈다.

"이사님, 이…… 이메일에 있는 내용들은 제가 다 알고 있습니다."

"하하하. 그래요? 김 과장이 머리가 좋은가봐요. 하지만 모든 사람이 그렇진 않겠죠? 어디에 무슨 정보가 있는지 찾아서 바로바로 줄 수 없으면 업무가 느려지잖아요. 컴퓨터도 그걸 아는지 파업했네. 폴더에 거래처 이름이나 프로젝트별로 이름을 붙여 주고받은 이메일을 따로 분류해 봐요. 업무시간이 훨씬 줄어들걸요?"

"아…… 네……."

대답은 그렇게 했지만 메일함에 산더미처럼 쌓여 있는 메일을 이제 와서 정리를 하는 게 더 귀찮게 느껴졌다. 그것이야말로 잡무가 아니든가. 이메일 좀 늦게 보낸다고 생사를 결정할 정도로 다급한 일이 생기진 않았다. 급하면 전화하면 그만이었다. 아니, 오히려 바로 답신을 보내는 것보다 며칠 늦게 보내면 좀더 생각한 느낌을 준다고 여기고 있었다.

멀뚱히 자신을 바라보는 민호에게 무슨 말을 하려다 말고 강윤은 시계를 힐끗 보았다.

"점심시간 다 됐네요. 어차피 지금은 확인이 어려울 듯하니 식사 후에 우리 티타임을 가질까요?"

"알겠습니다."

점심을 먹는 둥 마는 둥 자리로 돌아와 다시 메일함을 확인했다. 읽지 않은 이메일이 1,000통이 넘었다. 스팸 광고로 가득한 메일함을 보니 짜증이 났다. 책상 위에 놓아둔 휴대전화의 진동이 울렸다. 강윤의 문자였다.

식사 맛있게 했어요?
회사 앞 횡단보도 건너편에 있는 카페에서 봅시다.

민호는 자리에서 일어나며 또 한 번 깊은 한숨을 내쉬었다. 요즘 자신의 리액션은 딱 세 종류였다. 한숨을 쉬거나, 혀를 차거나 아니면 한숨을 쉬고 혀를 차거나.

"김 과장은 결혼한 지 얼마나 됐어요?"

"5년 정도 됐습니다."

"연애 결혼했어요?"

"네."

"아이는요?"

"쌍둥이입니다."

"이야, 힘들겠네. 내 조카들도 쌍둥이거든요. 걔네는 아플 때 같이 아프더라고요. 고생 많겠어요."

친밀감을 형성하기 위한 대화겠지만 바늘방석에 앉은 기분이었다. 지금 가장 큰 스트레스는 쌍둥이 육아가 아니라 회사 일이었다.

"이사님. 제가 어떻게 하면 이 부서에 적응을 잘할 수 있을까요? 지금 저한테 가장 필요한 건 뭐라고 생각하십니까?"

어디에서 그런 용기가 나왔는지 알 수 없었다. 강윤은 그런 민호를 보며 슬며시 미소를 지었다.

"김 과장, 생각보다 정공법으로 나오네요."

"오늘 이 자리도 사실 그 얘기를 하시려고 준비하신 거죠?"

"맞아요. 일하는 스타일도 궁금하고요. 김 과장이 성실하다는 이야기는 들었어요."

성실하다는 말보다는 능력 있는 사람이라는 말을 듣고 싶었다. 물론 이 부서에서 지금 그런 평가를 받는 것은 언감생심 꿈도 꾸지 못할 일이었지만.

"이메일 아이디를 언제 처음 만들었는지 기억나요?"

"중학생 때쯤인 것 같아요."

"그럼 1990년대 중반이었겠네. 제대하고 복학해서 사귄 여자 친구가

과 후배였는데, 생일선물로 CD를 구워서 주더라고요. 엄청난 충격이었죠. 개인이 파일 형태로 음악을 마음대로 저장할 수 있다는 사실이 놀라웠거든요. 그건 엄청난 지각변동을 의미했어요. 뒤통수를 얻어맞은 느낌이었죠. 세상이 이렇게 변할 수 있구나! 실제로도 음악은 음원이 되었고, 지금은 과거와 완전히 다른 모습을 하고 있죠."

민호는 잠자코 강윤의 이야기를 들었다.

"내가 이 얘기를 왜 하냐면, 우리가 일하는 방식도 그렇게 될 것이기 때문이에요. 처음에는 CD 굽는 사람들 얼마 안 됐고, mp3도 좋지 않은 음질의 파일이 많아 일부만 사용할 거라고 생각했죠. 하지만 이젠 다 음원으로 듣잖아요. 회의 안건을 종이에 인쇄해서 매번 회의실에 모여 이야기를 나누는 일은 점점 사라질 거예요. 부서 사람들끼리 매일 보는데 뭘 또 모여? 연애해요? 너무 올드하잖아요."

민호의 얼굴이 살짝 붉어졌다. '올드하다'는 말은 아내인 경인한테 구박받을 때마다 듣던 말이었다.

"세상이 점점 바뀌고 있어요. 변화 속도는 점점 더 빨라지겠죠. 업무력을 키우기 위해선 스마트워크에 익숙해질 필요가 있어요."

"말씀은 잘 알겠습니다만, 솔직히 말씀드리면 스마트워크라는 말부터 생소하게 느껴져요. 지금까지 해온 방식과 연결되는 지점도 별로 없고요."

"무슨 뜻인지 알아요. 나도 충분히 경험했던 부분이니까. 그리고 본의 아니게 김 과장에 대해서 들은 게 한 가지 더 있는데…… 김 과장에 대해선 대체로 긍정적이더군요."

민호는 긴장한 채 다음 말을 기다렸다. 1초가 한 시간처럼 느껴졌다.

"성실한 것은 물론 일을 굉장히 꼼꼼하게 처리한다고 들었어요. 입사하고 난 후부터 지금까지 회사에서 야근 많이 하죠?"

"네……."

"열심히 일하는 태도야 좋죠. 일을 처음 배울 무렵엔 자신의 부족한 능력을 메우기 위해 시간을 투자할 수밖에 없고요. 그런데 일하는 시간이 점점 더 늘어난다는 건 문제가 있다고 봐요. 직위가 올라가고 책임이 늘어나기 때문에 할 일이 많아지는 것과 별도로 일에 능숙해지면 그만큼 시간이 줄어드는 부분이 있잖아요. 김 과장도 자신의 업무를 잘 살펴보면 빨라진 면이 있고, 여전히 시간을 들여야 하는 부분이 있는가 하면, 오히려 시간관리를 잘하지 못하는 곳이 있을 거예요."

맞는 말이었다. 오래 일하는 것이 당연하다고 생각했다. 대리를 달기 전까지는 서툰 게 많아서, 과장이 된 이후에는 책임이 더 커져서 늘 시간이 부족했고, 일은 해도 해도 끝이 없었으며, 정시에 퇴근하는 일은 1년에 한두 번, 손가락에 꼽을 정도였다.

"야근을 당연하게 생각하면 일하는 시간 자체를 압축적으로 쓰지 않게 되요. 업무 시스템이 비효율적이란 얘기죠. 회사에서 오래 일하는 사람의 특징이에요. 게다가 일만 하면서 어떻게 살아요. 일만 하다가 죽기에는 인생이 너무 아깝지 않아요?"

"……."

"하하하. 일을 시키는 내가 이런 얘기를 하니 좀 이상해요?"

"네. 조금은……."

민호의 솔직한 대답에 강윤의 웃음소리가 더 커졌다.

"자신을 연마하기 위해 담금질했던 시간은 가치가 있어요. 하지만 계속 그 방식을 고수하는 것 같아서 안타까워요. 저도 초기에는 엄청난 일벌레였어요. 스스로 일중독자라고 여길 만큼 일에 빠져 살았죠. 그 시간들이 튼튼한 토대가 된 것도 사실이에요. 하지만 조금씩 더 효율적으로 일하는 방법을 깨닫고 난 후부터 예전보다 더 많은 일을 더 짧은 시간에 하게 되었죠. 내가 지금까지 일에만 빠져 있었으면 아마 벌써 아내한테 쫓겨났을걸요?"

강윤은 농담처럼 한쪽 눈을 깜박거렸다. 아닌 게 아니라 민호도 최근 경인의 잔소리가 늘어나기 시작한 것을 느끼고 있었다. 주말에도 피곤하다며 소파에만 붙어 있는 자신을 짐짝 취급하며 발로 툭툭 치고 다닐 때도 있었다. 심지어 쌍둥이가 그린 그림에는 자신이 소파와 한몸이 되어 있었다.

"이사님은 어떻게 일을 하시나요?"

서른다섯이나 된 과장이 상사에게 물어볼 말은 아닌 듯했지만 그래도 알고 싶었다. 기헌이 말해 준 정보에 따르면 강윤은 일을 정확하고 빠르게 해내기로 유명했다.

최연소 승진을 거듭하며 커리어를 쌓았던 회사마다 프로젝트 마감일을 넘긴 적이 한 번도 없다고 했다. 그게 도대체 가능한 일인지 민호로서는 상상조차 하기 어려웠다.

"어떻게 하면 효율적으로 일할 수 있을까? 까마득한 신입 때부터의 고민이었죠. 덕분에 남들보다 빨리 일하는 법이 자연스럽게 몸에 익었어요."

"무슨 특별한 비결이라도 있으세요?"

"스마트워크가 비결이라면 비결일까요?"

예상했던 답이었지만 막상 실제로 듣고 나니 싱거워서 웃고 말았다. 하지만 잠시 같이 따라 웃던 강윤이 이내 웃음을 멈추고 진지한 얼굴로 말을 이었다.

"스마트워크 시스템이 왜 중요한지 김 과장도 앞으로 차차 실감할 거예요. 쉬운 것부터 해보면서 기본기를 익혀두세요. 일 근육을 키우기 위한 워킹 트레이닝$^{Walking\ training}$ 같은 거죠. 예를 들면 메일함 관리부터 해보세요. 오전에 제가 이메일 폴더를 각각 만들어두라고 했죠? 거래처나 업무 관련 이메일이 왔을 때 내 선에서 당장 답변을 보낼 수 있는 것과 팀원이나 상사의 코멘트가 필요한 경우를 구분해 봐요. 답을 보냈으면 해당 폴더에 넣어두고 좀더 확인이 필요한 이메일은 받은 편지함에 남겨 두는 거죠. 해결하고 나면 폴더에 넣으면 되고요."

"받은 메일함만 봐도 무엇을 해야 하는지 한눈에 알 수 있다는 거군요."

"그렇죠. 이메일의 내용을 바로바로 확인하고 메일함에 둘 이메일과 바로 삭제해도 될 이메일을 처리하면 나중에 메일함을 다시 뒤져야 하는 수고로움을 덜 수가 있어요. 이것만으로도 꽤나 시간이 절약되거든요. 며칠 해보면 몸에 금방 밸 거예요."

"메일함 하나가 이런 식으로 업무에 쓰일 거라곤 생각을 못 했어요."

"시스템이 우리를 자유케 한답니다."

강윤은 한쪽 눈을 찡긋하며, 농담처럼 유쾌하게 말했다.

"하지만 이메일을 정리해 두는 정말 중요한 이유는 따로 있어요."

"그게 뭔가요?"

"데이터베이스를 만들기 위해서예요. 이메일 하나하나는 따로 떨어진 정보에 불과하죠. 수없이 많은 정보들이 의미 있는 카테고리 안에 들어갈 때 비로소 지식이 되요. 그리고 수많은 지식이 내 안에서 융합되고 경험이 쌓이면서 나만의 인사이트가 생기죠. 별것 아닌 것처럼 보여도 이메일을 관리하는 것 자체가 좋은 연습이에요."

매일 주고받는 이메일이 때로는 귀찮다고만 생각했다. 그런데 그것이 데이터베이스가 될 수 있다니! 보이지 않던 장벽 하나가 탁 깨지는 기분이 들었다. 신선했다.

"디지털 기기를 이용한 스마트워크의 가장 큰 장점은 검색이 가능하다는 거예요. 단지 몇 초안에 내가 원하는 자료를 불러낼 수 있으니까요. 분류하지 않아도 검색할 수는 있지만 폴더별로 분류해 두면 또다른 편리함이 있어요. 주고받은 이메일을 다시 읽어보면 기존의 인사이트를 되새김질하고 새로운 인사이트를 얻을 수 있거든요. 이메일을 우습게 보지 마세요. 나중에 반드시 크게 도움받을 일이 생길 테니까요."

"네.. 알겠습니다."

"아, 그리고 한 가지 더! 업무는 사무실에서만 하는 게 아니에요. 스마트폰에 메일 앱을 깔아 연동시켜 놓으세요. 어디에 있든 이메일이 오면 바로 확인하고 처리할 수 있도록요. 엘리베이터를 기다리거나 복도를 걸어가는 짧은 시간에도 간단한 일은 처리할 수 있으니까요."

민호는 멍한 얼굴이 되었다.

"하하하. 일만 하다가 죽으면 억울하지 않냐고 하고서는, 움직이면서도 일을 하라니, 이러다 일의 노예가 되는 거 아닌가 걱정되죠? 회사에 있는 시간에는 되도록 일을 충실히 하고 대신 퇴근 후에는 개인시간을 즐기세요. 일은 어디에서나 할 수 있지만 우리가 왜 일을 하는지 잊지 않으면 좋겠어요. 김 과장은 왜 일을 열심히 해요?"

"가족이 있으니까요."

"그렇죠. 우리에겐 소중한 가족이 있죠. 오직 자신만을 위해 일하는 사람은 드물 거예요. 그러니까 가족과 더 많은 시간을 보내기 위해서라도 스마트워크를 적극적으로 써보세요. 충분히 보답 받을 거예요."

민호는 고개를 끄덕였다. 짧은 대화였지만 자신을 배려해 일부러 시간을 내준 강윤이 고마웠다.

사무실로 돌아오자마자 메일함을 열었다.

"좋았어! 일단 한번 해보는 거야!"

와이셔츠 소매를 걷어붙이고 주먹을 불끈 쥐었다. 회사 메일함을 열어 이메일을 프로젝트와 거래처별로 구분하고, 완료된 업무와 진행 중인 이메일을 한눈에 알아볼 수 있게 바꾸었다.

동시에 미처 답을 보내지 못한 이메일을 작성하고 답변이 필요한 거래처에 이메일을 보냈다. '이메일 쓰기 신공'이라도 보여주듯 키보드 치는 소리만 조용한 사무실에 미친 듯 울려 퍼졌다.

기헌이 무슨 일인가 싶어 고개를 비죽 내밀었다. 민호를 보던 기헌은 눈을 동그랗게 떴다. 메일을 쓰는 민호의 손가락이 마치 백 개가 동시에 움직이는 듯했다.

민호는 집중하고 시간을 들여 공을 들인 덕분에 새로운 메일함이 탄생했다. 뒤죽박죽이던 책상 서랍을 깔끔하게 정리해 놓은 것처럼 속이 시원했다.

큰일을 해낸 듯 성취감마저 들었다. 작은 일부터 하나씩 해나가면 괜찮을 것 같았다. 역시 직접 부딪치면 생각보다 훨씬 쉬운 법이다.

 이메일 폴더 네이밍

업무보고를 주기적으로 할 경우에는 이메일 제목에 보고 날짜를 기록하는 것이 좋다. 예를 들어, '20150105:전략기획실 주간 업무보고'와 같이 보고 날짜를 기록하면 명확하게 눈에 띌 뿐 아니라 나중에 해당 이메일을 찾을 때 편리하다.

폴더 네이밍을 할 때에도 폴더 이름 앞에 숫자를 붙인다. 예를 들면, '01전략안' '02결과보고서' '03타부서자료' '04외부자료' 등으로 이름 앞에 숫자를 넣으면 정렬과 관리를 쉽게 할 수 있다.

파일 이름을 기록할 때에는 파일의 버전과 작성자 그리고 문서의 내용을 열어보지 않고도 쉽게 확인할 수 있게 한다. 예를 들면 '2015년 사물 인터넷 사업성 CEO 보고서_Ver1.5_by김민호.docx'와 같은 방식으로 정리하는 것이 좋다.

04

페이퍼리스 타임

"봤지? 선우에서 대대적으로 광고 뿌린 거. 1인 가구 식재료는 원래 우리 건데 도둑놈 같은 새끼들. 어휴, 이 자식들을 그냥 콱!"

사무실 문을 박차고 들어온 덕규가 소리부터 질렀다. 누구 하나 걸리기만 해봐라는 얼굴이었다. 아니나 다를까, 민호를 보자마자 잡아먹을 듯 달려들었다.

"선우가 그러는 동안 넌 뭘 한 거야?"

"안 그래도 오늘 회의에서……."

"회의 같은 소리 하고 자빠졌네. 이 자식 밥값 똑바로 안 해? 회사를 다니면 밥값을 해야지! 밥값을!"

툭 하면 밥값 타령인 덕규였지만 오늘따라 밥값에 필이 제대로 꽂힌 듯했다. 고개도 못 드는 민호와 달리 기헌이 심드렁하게 말했다.

"예상한 일이잖아요⋯⋯. 원래 선우도 1인 가구에 관심이 많았으니. 시기가 문제였을 뿐이죠."

"그걸 말이라고 해! 우리 밥그릇이 지금 반 토막이 났는데! 어쩔 거야! 방법을 찾으라고, 방법을!"

목소리가 점점 높아지는 덕규 앞에서도 기헌은 태평하게 말을 이었다.

"선우 쪽에서는 우리가 자기들 거 베낀다고 난리던데요."

"뭐라고! 누가 그래?"

"벌써 소문났어요. 알게 모르게 소문을 흘리고 있나 봐요. 참, 잘 나가는 TV 먹방 예능도 후원한다든데요? 우리랑 선우가 치고 박는 사이에 수림에서 단독식품을 개발해서 치고 들어온다는 얘기도 있고."

"수림에서? 이 자식들이 누구 밥그릇을 넘봐. 우리 없었으면 구멍가게에서 코나 흘리고 있었을 놈들이."

덕규는 아예 입에 거품을 물고 선우유통과 수림식품을 싸잡아 비난하기 시작했다. 상대방 성토대회가 있다면 단연 덕규가 우승일 것이다. 덕규가 펄펄 날뛰는 것도 무리는 아니었다.

상황은 점점 불리하게 돌아갔다. 시장을 선점한다는 건 유리한 고지에 선다는 것과 마찬가지였다. 후발주자로 출발하면 차별화에 더 공을 들여야 한다. 전력투구해도 부족할 판국에 새로운 제품을 개발할 여력은 없었다. 돌파구를 찾아야 했다.

매일 강도 높은 회의가 이어졌다. 시장을 분석하고 고객의 니즈를 파악하는 동시에 선우유통의 최근 동향까지 파악하느라 야근은 당연한 일이

되었다. 다음 날 아침 회의 자료를 전날 밤에 준비해야 할 때도 있었다.

하지만 일주일이 지난 지금까지도 별다른 방법을 찾지 못하고 있었다.

"신 대리, 한 시 회의 맞지?"

"네, 과장님. 이사님께서 보낸 이메일 받으셨죠?"

"응."

"야아, 딱 내 스타일이라니까요."

"이메일에도 네 스타일이 있냐?"

민호는 이 긴박한 상황 속에서도 스타일 운운하는 기헌이 기가 막혀서 웃음이 나왔다. 기헌은 조금만 마음에 들면 '딱 내 스타일이라니까요', 조금만 빈정이 상해도 '이건 내 스타일 아닌데'라고 말하곤 했다.

"사실 과장님이니까 말씀드리지만, 전 회의에 들어가면 팀장님이 하도 펄펄 날뛰시니까 평소 때보다 머리가 잘 안 돌아요. 의견은커녕 화만 내시니 머리가 아프다고요."

"야, 들으면 어쩌려고……."

민호는 자신도 모르게 주변을 돌아보았다. 하룻강아지 범 무서운 줄 모른다지만 기헌은 상사 무서운 줄 모르는 대리였다.

"반면에 이사님은 미리 자료 주시니까 이런저런 생각할 수 있어서 훨씬 좋은걸요. 게다가 에버노트^Evernote로 공유하다니, 일일이 이메일로 자료 안 보내고 얼마나 좋아요."

"확실히 시간은 절약되지. 이사님은 시간관리를 아주 중요하게 생각하시니까."

"스마트 툴도 굉장히 자유자재로 쓰시는 것 같던데요, 보니까 에버노트도 완전 선수고."

강윤이 보낸 이메일을 클릭하니 자연스럽게 에버노트로 연결이 되었다. 에버노트가 궁금했지만 묻진 않았다. 기헌이란 놈, 자신이 아는 건 엄청나게 길고도, 기이이이이일게 설명하는 인간이었기 때문이다. 민호는 궁금해도 꾹 참고 회의실 문을 열었다.

"일찍 들어오셨네요, 팀장님."

"니들이 늦은 거지. 회의 5분 전에 기어들어오는 놈들이 어딨냐? 하여튼 빠져 가지고. 내가 팀장으로 있는 이상 각오하라고. 그놈의 정신머리 싹 뜯어고쳐 줄 테니까."

민호는 이맛살이 찌푸려지는 것을 숨기기 위해 일부러 고개를 숙였다. 기헌도 무표정한 얼굴로 노트북을 켰다. 그러나 덕규는 두툼한 입술을 내밀며 은밀한 목소리로 말했다.

"그나저나 우리 술자리 너무 안 가지는 거 아냐? 벌써 한 달이나 지났는데 회식다운 회식 한 번 못 한 것 같단 말이야. 김 과장도 왕년에는 술 좀 빨았잖아? 조만간 한 잔 찐하게 하자고. 그 기운으로 팍팍 밀어붙이는 거야. 이사님 굳이 모실 거 뭐 있어? 불편하면 우리끼리라도 한 번 뭉치자고."

신혼 초 민호는 덕규와 함께 술을 마시다 필름이 끊겨 집으로 돌아가지 못하고 잠수교 중간에서 눈을 뜬 적이 있었다. 두 번 다시 생각하고 싶지 않은 영원히 잠수교 밑에 파묻어버리고 싶은 기억이었다.

민호가 속으로 고개를 젓든 말든 덕규는 회식이 간절했다. 스마트워크인지 뭔지 생전 해보지 않은 걸 하느라 속으로 끙끙 앓고 있었다. 그러나 하소연할 데도 없고, 회식도 없고, 아주 죽을 맛이었다.

말이 팀장이지 전체적으로 이사가 이끌고 있는 팀이라 예전만큼 자신의 스타일대로 밀어붙이지도 못하니 속에서 부아가 끓었다. 지금은 때가 아니라 숨을 죽이고 있지만 강윤이 조금이라도 허점을 보이면 사정없이 물고 늘어질 태세였다.

'전통의 영업부에서 잔뼈가 굵은 나라고. 어디서 굴러들어온 말뼈다귀 같은 놈이……'

덕규는 코웃음을 쳤다. 가뜩이나 넓은 코 평수가 세 배쯤 더 넓어졌다. 괜히 목소리가 높아졌다.

"그런데 책상 위에 왜 아무것도 없어? 볼 게 있어야 얘기를 할 거 아냐! 신 대리 회의 준비 어떻게 한 거야?"

기헌이 쿨하게 말했다.

"이사님이 이메일 보내셨잖아요."

"야, 그래도 회의를 하는데 종이가 있어야 할 거 아니냐."

그때 강윤이 문을 열고 들어왔다.

"이사님, 회의를 조금 늦춰야겠는데요. 신 대리가 회의 자료 복사를 안 해 와서요. 빨리 해 와!"

덕규가 잔뜩 찌푸린 얼굴로 기헌을 향해 눈짓했다. 그러자 강윤이 정색하며 물었다.

"무슨 자료요? 어제 이메일로 다 보냈잖아요. 다들 태블릿PC 있고, 스마트폰 있는데 뭐 하러 종이를 낭비합니까? 회의 끝나고 바로 사장님 보고 들어가야 해요. 시간이 없으니 일단 진행합시다."

덕규는 회의를 시작하기도 전에 불만이 가득한 얼굴이었다. 언제 터질지 모를 시한폭탄 같아서 보는 사람이 더 조마조마했다. 오직 강윤만이 태연한 표정으로 회의를 이끌었다.

"오늘 회의는 1인 가구를 위한 식자재 사업에 대한 시장조사 결과 및 국내외 현황에 대한 정보를 공유하는 자리입니다. 제가 미리 자료를 보내드렸으니 새롭게 보고할 부분이나 질문은 미리 생각해 오셨겠죠."

강윤은 회의를 시작할 때 항상 회의의 취지와 목적을 선명하게 밝혔다. 덕분에 민호는 회의를 거듭할수록 예전보다 훨씬 더 집중할 수 있었다. 회의 중에 무엇을 발언하고 회의가 끝나기 전에 무엇을 결정해야 하는지 선명했기 때문이었다.

반면 덕규는 당황한 기색이 역력했다. 메일을 받았지만 제대로 읽지 않았던 것이다. 팀원들은 다 아는 회의 내용을 자신만 모르고 있었다. 그 사실을 들키지 않으려고 남몰래 식은땀을 뻘뻘 흘리고 있었다.

"여기까지 질문 있습니까?"

강윤의 발표가 끝났다. 회의 시작한지 30분도 되지 않았다. 그런데 순식간에 자신이 해야 할 업무에 대한 궁금증이 풀린 것은 물론 무엇을 해야 하는지도 명확해졌다. 민호는 입을 다물 수 없었다.

수많은 프레젠테이션을 경험했지만 이렇게 강렬한 경험은 처음이었다. 간결명료가 무엇을 뜻하는 말인지 알 수 있었다. 강윤은 짧고 쉽게 말했다.

민호는 그것이 말처럼 쉬운 일이 아니라는 걸 경험으로 알고 있었다. 짧고 쉽게 말할 수 있다는 것은 전체의 그림을 보는 것은 물론 세부적인 이해까지 완벽하게 했다는 것을 뜻하기 때문이다.

기헌 역시 크게 자극받은 눈치였다. 아이돌을 보는 삼촌 팬의 표정으로 강윤을 보고 있었다.

"질문 없나요? 없으면 여기까지 하죠. 다음 회의 때까지 선우유통에서 선점하고 있는 부분과 우리가 파고들 부분이 어딘지 의견들 주세요. 생각나는 아이디어는 에버노트에 올려서 공유하는 걸로 하고요."

"에버노트요?"

덕규가 금시초문이라는 듯 말문을 열었다. 민호는 얼른 헛기침을 했다.

'팀장님! 지금 그 질문은 이사님 이메일을 안 읽었다는 뜻입니다!'

민호의 간절한 속말을 알아들었는지 다행히 덕규도 더 이상 질문하지 않았다.

"주말까지 에버노트 사용법을 익혀두세요. 진행 중인 업무에 대해서는 에버노트로 공유하겠습니다. 회의 시간을 줄이려는 것도 있지만, 다음 날 출근해서 허둥대지 않고 효율적으로 일할 수 있는 시스템을 익히는 게 더 큰 목적이에요. 앞으로 우리 팀의 미팅과 회의는 종이 없이 진행할 겁니다. 디지털 기기도 금지입니다. 회의 전에 자료를 충분히 읽고 내용을 정리해 오세요. 회의 시간에는 회의에만 집중하도록 합시다. 안건과 아이디어, 결과는 에버노트로 공유하도록 하죠."

민호와 기헌은 열심히 고개를 끄덕였다. 덕규도 마지못해 고개를 끄덕이긴 했지만 이 새로운 방법이 영 마음에 들지 않는 듯했다.

"단, 서기는 예외입니다. 오늘 회의부터 김 과장님이 서기를 맡아주세요."

"제가요?"

"네. 일단 오늘 회의록은 제가 쓴 것을 보내드릴 테니 정리할 때 참고하시고요."

의외였다. 보통 회의록은 막내가 하는 게 관례였기에 평소대로라면 기헌이 맡아야 하는 일이었다. 무엇인가 의도하는 바가 있는 것 같았다.

'그나저나 회의를 진행하면서 언제 정리까지 하셨지…….'

강윤은 A4 한 장에 정리한 회의록을 스마트폰 사진으로 찍어서 바로 팀원들에게 전송했다. 생각해 보면 회의 기록은 중요한 일이었다. 어떤 일이 결정되었고 책임자가 누구인지 명확해지기 때문이다. 회의도 회의 결과를 기록으로 남기는 일도 스마트워크에 연관이 되는 셈이었다.

강윤은 들어올 때처럼 가벼운 몸으로 문을 열고 나갔다. 민호와 기헌도 뒤따라 나갔다. 자리를 지키고 있는 것은 오직 덕규뿐이었다.

"이사님은 언제부터 저렇게 일을 잘 하셨을까요? 회의록 정리한 것 좀 보세요. 덧붙일 것도 없지만 뺄 것도 없는 게 완전 예술이네요. 회의록 보고 감탄해보긴 또 처음이네요."

기헌은 스마트폰을 들여다보면서 싱글벙글 미소를 지었다. 까칠할 때의 기헌을 생각하면 상상할 수 없는 모습이었다.

"이사님이 그렇게 좋냐?"

"네. 뭐랄까, 굉장히 좋아하는 배우가 출연한 작품에서 훌륭한 연기로 호평을 받았을 때 은근히 기분 좋아지는, 그런 기분?"

"얼씨구, 팬클럽 만들 기세다."

"완전 끝내주지 않아요? 우리 회사의 스티브 잡스?"

"난리 났네, 난리 났어."

피식 웃고 말았지만 민호도 강윤을 생각하면 든든했다. 기헌은 두 손까지 모으며 해맑은 얼굴로 말했다.

"이 팀 해산하고 나서도 이사님 밑에서 일했으면 좋겠어요."

'팀 해산되기 전에 팀플레이부터 배웠으면 좋겠다, 이놈아.'

속으로 투덜대면서 자리로 돌아왔다. 하지만 자극을 받은 건 민호도 마찬가지였다.

"이사님은 나보다 연배도 높으신데 어떻게 저렇게 스마트 툴을 많이 알고 계시지?"

혼잣말처럼 한 말인데 어떻게 들었는지 기헌이 냉큼 말을 받았다.

"다른 회사에서는 연세 많으신 분들도 자유자재로 사용해요. 하기야 우리 회사에서는 그런 분 보기 힘들죠. 제 친구들 얘기 들어보면 윗사람들이 먼저 배워서 물어보기 때문에 업무 때문이 아니더라도 필수로 알아야 하는 경우가 많다더라고요. 우리 회사가 엄청 늦은 거죠. 스마트워크라고 하면 진저리를 치는 사람도 있으니…….”

“일 안 해? 틈만 나면 계집애들처럼 수다야, 수다가!”

덕규의 목소리였다. 민호가 얼른 눈치를 보다가 말을 걸었다.

“팀장님, 오늘 회의 말인데요…….”

“회의가 왜?”

“아까 각자 맡은 부분에 대해서 좀 여쭤보고 싶은 게 있어서요.”

“뭔데?”

말은 퉁명스러웠지만 자신의 존재를 인정받은 느낌에 덕규의 표정이 조금씩 풀리고 있었다. 하지만 민호가 굳이 애를 쓰고 있는데도 기헌은 어깨 한 번 으쓱하고는 얼른 자기 자리로 돌아가버렸다.

젊은 혈기에 똑똑하고 일 잘하는 것까진 좋았지만 이럴 때 어떻게 해야 하는지 기헌은 숙맥에 가까웠다. 덕분에 뒤치다꺼리는 언제나 민호의 몫이었다.

“에버노트 저는 어렵던데. 신 대리한테 같이 배우실래요?”

“어이구, 에번지 애빈지 죄다 골칫덩이야. 사장님 엄명이라 내가 하긴 한다만 도대체 우리 회사가 지금까지 해온 방식이 있는데 이제 와서…….”

덕규는 그동안 쌓인 울분을 민호에게 풀었다. 기헌에게 다시 SOS를 청하며 눈짓을 보냈지만 이쪽을 보고 있는 것이 분명한데도 본 척 만 척이었다. 민호 혼자 한 시간 가까이 잡혀 있다가 가까스로 풀려난 후 자기 자리로 돌아왔다.

오후 시간이 어떻게 지났는지 모르게 벌써 퇴근이 가까워지고 있었다. 오늘은 금요일, 정말로 급한 일이 아니라면 회사에 늦게까지 남고 싶지 않았다. 불금은 보내지 못하더라도 목을 축일 술 한 잔이 간절했다.

수기로 작업한 회의록 디지털 저장법

회의에는 가급적 디지털 기기를 가져가지 않는 것이 오히려 회의에 집중할 수 있다. 회의 내용은 A4 종이에 기록한 후 PDF로 보관한다. PDF로 보관한 자료는 파일 혹은 에버노트 등에 회의록으로 넣어두고 필요할 때 확인한다.

요즘 출시되는 복합기는 거의 스캐너가 내장된 것은 물론 스캔한 문서를 PDF로 변환해서 이메일로 보내주는 기능까지 제공된다. 스캐너가 여의치 않을 때에는 스마트폰 카메라를 이용해서 필기한 내용을 촬영해 사진으로 보관하는 것도 유용하다.

또한 스마트폰으로 화이트보드에 기록된 내용이나 모니터 화면, 출력한 종이 문서 등을 촬영할 때에는 오피스 렌즈Office Lens라는 앱을 이용하면 보다 선명하게 촬영할 수 있다. 사진 외에 PDF 등으로 제작도 가능하다.

05

그녀는 알고 그는 모르는 것, 에버노트

일요일 아침이 되기 무섭게 경인은 미루고 미뤄왔던 대청소를 시작했다. 얼마나 대단한 청소를 하려고 하는 건지 쌍둥이까지 친정에 맡기고 장갑에 마스크로 중무장한 모습은 흡사 전문청소업체 직원 같았다. 필요 없는 물건은 집안에 절대 두지 않겠다는 결의를 한 사람처럼 저돌적으로 물건을 치우기 시작했다.

"이거 버린다."

"안 돼! 내가 얼마나 아끼는 건데! 저거나 버려."

"안 돼! 이게 얼마짜린데."

서로 물건을 버리네 마네 실랑이를 하면서 한바탕 청소를 끝냈다. 쌍둥이가 없는 데다 정리를 하고 난 후여서 그런지 집이 한층 넓어진 느낌이었다.

'때는 바로 이때다!'

민호는 회심의 미소를 지었다. 쌍둥이가 없을 때 마음껏 게임을 하고 싶었다. 서둘러 컴퓨터를 켰다. 바탕화면에는 여러 가지 폴더로 가득했다. 초록색 코끼리 모양의 아이콘이 눈에 들어왔다.

'어라? 에버노트 아냐?'

클릭해서 들어가니 요리 레시피, 육아법, 건강 등 여러 개의 섹션에 많은 정보가 들어 있었다.

"아주 날 만났군. 하여튼 쌍둥이만 없으면 컴퓨터 앞이지?"

언제 들어왔는지 경인이 옆에 서 있었다.

"뭐야? 내 에버노트 보는 거야?"

갑자기 경인의 목소리가 높아졌다.

"당신 아웃이야. 남의 일기장 훔쳐보는 거랑 똑같은 거라고."

"미안. 요즘 회사에서 에버노트 써야 하거든. 당신 언제부터 썼어?"

"꽤 됐는데? 인터넷 서핑하다 필요한 정보 있으면 여기에 스크랩해서 모아두었다가 애들 낮잠 자면 보거든."

"오, 우리 와이프 장난 아닌데? 스마트 맘이야."

"뭐래니. 자기가 올드한 거지. 에버노트 쓰는 사람 많거든? 컴퓨터랑 스마트폰으로는 그저 게임할 줄만 알지……."

아내는 퇴사한 지 3년이 넘었다. 그런데도 에버노트를 쉽게 쓸 정도면 분명 특정한 사람들만 사용하는 최첨단 시스템이 아니라 접근성이 큰 대중적인 도구임이 분명했다. 강윤이 사용하는 스마트 툴은 범접하기 어려운 최첨단 IT 시스템이라고 생각했던 것이 머쓱해졌다.

"나도 본격적으로 써봐야겠다. 회사에서도 회의록이나 중요한 안건들은 에버노트로 공유한다고 하거든."

"갑자기 왜?"

"얼마 전에 이사님이 새로 오면서 대대적으로 시스템 혁신을 하려고 하고 있어. 나도 태스크포스 팀으로 발령을 받았고."

"뭐? 언제?"

"응? 한 달 전인가?"

"뭐야 진짜!!! 나한테는 그런 말 전혀 없었잖아."

"임시로 만든 팀이니까 프로젝트 끝나면 다시 기획부로 갈 것 같아서 그랬지."

"아이고, 내가 말을 말자. 그런 중요한 일이 있을 땐 얘기 좀 하면 안 돼?"

경인은 진정으로 섭섭한 듯했다. 민호는 또 한 번 머쓱해졌다. 회사에서 일어난 일을 시시콜콜 조잘대는 것은 성미에 맞지 않았다. 하지만 그럴 때마다 경인은 생활을 공유하지 않는 남편에 대해 분노를 드러내곤 했다.

그동안에는 그저 아내가 회사를 그만 두고 집에 있으면서 생긴 육아 우울증이나 히스테리 정도로만 생각했다. 하지만 자신의 태도에도 문제가 있었을지도 모른다.

"미안해……."

민호는 진지하게 말했다. 그러자 경인의 눈동자가 평소의 두 배 이상으로 커졌다. 가뜩이나 눈이 큰 아내가 더 크게 눈을 뜨자 오히려 놀란 사람은 민호였다.

"눈 너무 커졌다. 무섭게 왜 그래?"

"쉽게 미안하다는 소릴 하니까 그렇지. 평소엔 절대 안 그러잖아."

"내가?"

"그럼 여기 누가 있어? 하여튼. 고집은 세지, 미안하다는 말은 곧 죽어도 못 하지, 회사에서 무슨 일이 있는지 입은 꾹 다물고 있지. 내가 남편을 얻은 건지 장독 뚜껑을 만난 건지, 툭 하면 입을 꾹 다물고 날 잡아 잡슈……."

민호가 잠자코 듣고만 있자 경인도 잔소리를 그치고 화제는 다시 에버노트로 돌아갔다. 경인은 익숙하게 설명했다. 육아와 요리에 관심 있는 엄마들과 함께 꾸리고 있는 모임에서도 에버노트를 통해 정보를 공유한다고 했다.

"프로젝트별로 팀원들끼리 공유할 수 있으니까 일하긴 좋을 거야. 추천하고 싶은 기능은 공유와 워크챗Work chat인데 잘 쓰면 업무 협업이 편할 거야. 회의에서 결정된 사항이나 관련 내용을 일일이 메일로 보내지 않아도 되거든."

"개별 노트는 물론 특정 노트북 폴더 전체도 공유가 가능한 거야?"

"물론이지. 에버노트 안에 공용으로 관리하는 노트북을 만들면 되니까. 자기네 회사에선 수시로 업무 진행 내역과 주요 보고서 그리고 웹서핑 중 발견한 유용한 페이지들을 공유할 수 있을 거야. 참! 이게 다가 아니라고. 잠깐 기다려봐."

경인이 태블릿PC를 가져오더니 에버노트 중 폴더를 하나 열었다. 요리 레시피를 모아놓은 글들이 가득 있었다. 레시피 아래에는 필요한 재료가 없을 경우 대체할 수 있는 재료들과 원래 레시피에는 없지만 응용할 만한 아이디어들이 적혀 있었다.

"자기도 여기 열어봐. 이거 어때? 오늘 저녁에 해먹을까?"

"음…… 명란파스타? 여기 마늘 들어가냐?"

"하여튼. 조상이 곰이었나, 마늘이 그렇게 좋냐? 마늘이라고 적어봐."

민호는 시키는 대로 노트에 마늘이라고 쓰다가 경인을 쳐다보았다. 경인이 마늘 아래 '곰'이라고 썼던 것이다.

"문서편집을 공동으로 할 수 있는 거야?"

"이게 워크챗 기능이야. 다른 기기로 에버노트를 동시에 보면서 문서편집을 공동으로 할 수 있어. 혼자 사용하는 것보다 함께 사용할 때 그 진가가 발휘된다고. 어때, 죽이지?"

"스마트워크는 자기가 해야겠네. 그런데 어떻게 이렇게 잘 알아? 원래 관심 있었어? 뭘 이렇게 꼼꼼히도 적어놨냐……."

민호의 말이 끝나기도 전에 경인의 목소리가 다시 높아졌다.

"지금 염장 지르는 거야? 애 낳고 기억력이 떨어져서 그런다! 기록을 해놔야 잊지 않는다고. 내가 회사에 계속 다녔으면 당신보다 승진이 빨랐을 텐데, 아, 진짜. 나 같은 인재가 집에만 있는 건 나라에도 손해야!"

"하하하. 알아, 안다고. 앞으로 모르는 거 있으면 당신한테 물어볼게."

에버노트 사용법을 익혔으니 회의록을 정리할 차례였다. 날짜, 안건, 발언자, 결론, 다음 회의 안건까지 꼼꼼히 적고 나서 잠시 망설이다가 한 줄을 덧붙였다.

코멘트.

페이퍼리스 타임^{Paperless time}. 시간이 걸리겠지만 익숙해지면 업무시간을 줄이는 데 혁신적일 듯.

김민호.

읽는 사람들이 어떻게 생각할지는 모를 일이다. 하지만 정리자로서 이 정도 권한은 가져도 좋을 듯했다. 공유노트를 만들고 회의록을 올렸다. 이렇게 하면 팀원들이 어디에 있든 현재 상황을 확인하고 업데이트할 수 있었다. 스키치^{Skitch}를 사용하면 간단한 메모나 표시를 해서 명확한 의사전달도 할 수 있었다.

"오호라, 이거 완전 물건인데? 전사 차원에서 공유도 가능하고, 필요한 팀원들만 공유도 따로 할 수 있고."

에버노트에 푹 빠져 기능을 살펴보고 있는데 경인이 외출 준비를 하고 방으로 들어왔다.

"바빠? 쌍둥이 데리러 가기 전에 마트에 들렸으면 하는데."

"며칠 전에 장 보지 않았어?"

"유기농 재료가 다 떨어졌어. 애들 간식 만들어야 하는데."

"유기농?"

"응. 비싸서 우린 못 먹어도 쌍둥이한테는 좋은 거 먹이고 싶으니까."

갑자기 머리에 번개가 꽂힌 듯했다. 정신없이 에버노트에 메모를 남겼다. 심장이 쿵쾅거렸다. 자신도 모르게 웃음이 터졌다. 영문을 모르는 얼굴로 서 있는 경인에게 엄지손가락을 쭉 펴 보였다.

"하하하. 경인아, 넌 정말 최고야!"

회의에서 발표할 기가 막힌 아이디어가 떠오른 것이다. 1인 가구 식자재 사업에 획기적인 변화가 올 것이 틀림없었다.

💡 구글캘린더

스마트워크 시작은 구글캘린더부터. 이 정도야 뭐, 나도 할 수 있다.

직장, 업무, 모임, 일정, 취미, 사생활 등 분야별로 캘린더를 분류해서 만들 수 있는데 캘린더마다 색상을 다르게 설정할 수 있다는 것! 오오 한꺼번에 월별, 주별, 일별로 모아서 보니 색상으로 한눈에 구분된다.

컬러풀한 캘린더! 풍성한 마이 라이프! 나 혹시 스마트워크 천재? 컴퓨터에 입력한 일정을 스마트폰으로도 볼 수 있는 점도 굿! 게다가 내가 일정을 입력하면 같은 팀원에게도 공유가 되니 누가 어디서 무엇을 해야 하는지 공유하고 확인할 수 있다.

👉 PC에서 구글캘린더를 사용하는 방법

● 다운로드에서 실행까지

① 구글 사이트 오른쪽 상단의 ⁝⁝⁝을 클릭하여 목록에서 캘린더를 선택하여 로그인한다.

② 일정관리 화면에서 해당 날짜 ▢ 칸을 클릭하거나 왼쪽 상단에 있는 '만들기'를 클릭한다.

③ 시간대를 변경하고 싶을 때는 캘린더의 일정 박스를 원하는 시간대로 마우스로 옮긴다.

④ 만들기 창에는 파일첨부, 시간대 반복, 영상통화, 알림 등 다양한 상세 기능들을 설정할 수 있다.

⑤ 캘린더에 공휴일을 표시하고 싶을 때는 왼쪽 맨 아래 다른 캘린더의 '대한민국의 휴

일'의 오른쪽 ▼를 클릭하면 나타나는 창의 목록에서 '이 캘린더만' 표시를 클릭한다.

⑥ 일정을 팀원들과 공유하고 싶을 때는 공유하고 싶은 캘린더 제목에 마우스를 갖다 대

면 오른쪽에 ▼가 생긴다. '이 캘린더 공유하기'를 선택하면 공유하고 싶은 사람의 계

정을 입력하고 권한까지 설정할 수 있다.

● 주요 아이콘 기능 Tip

간단하게 일정 내용만 입력할 때는 해당 날
짜 □ 칸을 클릭한다. 팝업 창에 내용을 입
력한 후, 일정만들기를 클릭하면 저장된다.

장소, 설명, 색상 등을 입력하고 싶
을 때는 왼쪽의 만들기를 클릭한다.

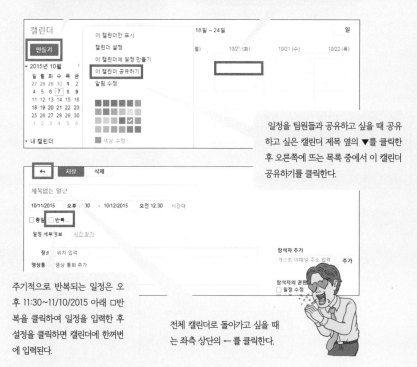

일정을 팀원들과 공유하고 싶을 때 공유
하고 싶은 캘린더 제목 옆의 ▼를 클릭한
후 오른쪽에 뜨는 목록 중에서 이 캘린더
공유하기를 클릭한다.

주기적으로 반복되는 일정은 오
후 11:30~11/10/2015 아래 □반
복을 클릭하여 일정을 입력한 후
설정을 클릭하면 캘린더에 한꺼번
에 입력된다.

전체 캘린더로 돌아가고 싶을 때
는 좌측 상단의 ← 를 클릭한다.

☞ 스마트폰과의 연동

● **다운로드에서 실행까지**

① 스마트폰의 Play 스토어에서 구글캘린더를 검색하여 설치한다.

② 이때 스마트폰에 설정되어 있는 구글 계정에 동기화 옵션이 켜져 있어야 한다.

● **주요 아이콘 기능 Tip**

새 일정 창에서 ⊕의 오후 00:00을 누르면 시계가 뜨고 시계로 시간을 설정한다.

상단의 ☰을 누르고 나오는 목록 가운데 원하는 것을 선택하면 일정, 일, 3일, 주 단위별로 일정을 볼 수 있다.

새로고침을 누르면 PC와 동기화되어 새로운 일정이 반영된다.

원하는 날짜 칸을 누르면 시간대별 일정이 뜬다.

●의 기본색상을 누르면 여러 색의 목록이 나오고 그 가운데 원하는 색을 누른다.

🔔의 오른쪽 30분 전을 누르면 원하는 알람 시간을 설정할 수 있다.

일정을 추가하고 싶다면 화면 아래 +를 누른다.

에버노트

요즘 에버노트에 푹 빠져 있다. 에버노트를 만난 이후 나의 삶은 완전히 신세계라고나 할까. 이렇게 편하고 좋은 것을 여태 모르고 살았다니!

오늘은 특히 에버노트 덕을 톡톡히 봤다. 회의 때 발표자들의 슬라이드를 사진으로 찍어 세미나 노트를 만들었다.

세미나 노트로 에버노트의 가장 좋은 기능은 사진 형태의 슬라이드 안에 있는 글자를 검색할 수 있다는 점. 그래서 단어 검색으로 원하는 슬라이드를 PC에서도 찾아서 볼 수 있다.

앞으로 인터넷서핑을 하다가 간직하고 싶은 기사나 사진이 있을 때, 서점에서 좋은 책을 발견했을 때 에버노트로 스크랩하는 재미도 쏠쏠할 것 같다. 아직 활용하진 않고 있지만 에버노트엔 명함관리 기능도 있는 듯하다. 다음 미팅 때 써봐야지.

☞ PC에서 에버노트를 사용하는 방법

• 다운로드에서 실행까지

① PC에 크롬 브라우저가 깔려있어야 한다. http://evernote.com/intl/ko/download 사이트로 들어가 다운로드 후 설치하고 실행을 누르면 화면이 나타난다.

② PC와 스마트폰의 연동을 위해 계정을 만든다. 이메일, 사용자 아이디, 암호를 설정하고 등록한다.

③ 계정이 생성된 후 로그인하고 첫 화면에서 두 번째 노트 만들기를 선택한다.

④ 스택(C드라이버) 〉 노트북(폴더) 〉 노트(메모장)라고 생각하고 작성한 노트를 상위

노트북 안에 저장할 수 있고 노트북 또한 스택 안에 정리할 수 있다.

⑤ 별도의 저장 버튼 없이도 자동으로 저장되어 있다.

● **주요 아이콘 기능 Tip**

메모를 하다가 이전상황으로
돌리고 싶을 때 상단 왼쪽의
◀▶를 사용하면 된다.

상단의 새 노트를 클릭하고 첫
번째 나오는 새 노트를 누르면
메모를 시작할 수 있다.

노트 본문을 작성하다가 형광펜
을 색칠하고 싶을 때는 블록지
정한 후 상단의 ✐을 누른다.

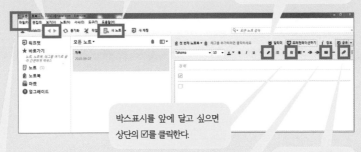

박스표시를 앞에 달고 싶으면
상단의 ☑를 클릭한다.

파일 - 새 노트북 - 새 노트북을 클
릭하고 제목을 입력하면 원하는 노
트북이 생성된다.

표를 넣고 싶을 때는 ▦를 클
릭하고 앞의 내용과 분리되는
구분선을 넣고 시작하고 싶
을 때는 ─을 클릭한다.

파일을 첨부하고 싶
을 때는 ≫를 누른 후
🖉을 클릭한다.

☞ 스마트폰과의 연동

● 다운로드에서 실행까지

play 스토어에서 에버노트를 검색하여 앱을 다운받아 설치 후 열기를 누른다.

● 주요 아이콘 기능 Tip

상단의 📷를 누르면 사진을 찍어 강의노트를 만들 수 있다.

상단의 A˝를 누르면 글씨를 **B**진하게, *I*기울이기, A 형광펜 표시 등을 할 수 있다.

상단의 📎을 누르면 파일을 첨부할 수 있다.

작업메뉴의 텍스트를 클릭하면
글을 쓸 수 있다.

우측 하단의 +를 클릭하면 새로운
메모를 할 수 있다.

Step 2

언제 어디서나
일할 수 있는
환경을 만들어라

01

나의 심장을 쫄깃하게 한 테더링

"유기농 재료는 정말 좋은 아이디어네요. 김 과장 수고했어요."

오전 회의에서 강윤은 기분 좋은 미소를 지었다. 1인 가구를 위한 식자재 시장을 유기농 식품으로 공략한다는 건 미처 생각하지 못한 새로운 기획안이었다.

"선우 쪽에서 눈치 채지 못하도록 최대한 비밀을 유지하고, 팀장님은 현장에서 영업라인을 책임져주세요. 새로운 라인이 필요할 수도 있으니 기존의 라인뿐만 아니라 적극적으로 협력할 곳을 찾아보시고요. 신 대리는 광고 쪽을 담당해 주세요. 누가 모델로 적합할지, 신뢰도가 높되 젊은 층에게 어필할 수 있는 후보를 찾아보고, 요즘 대세인 인기 셰프들도 고려해 보세요. 김 과장은 수림식품에서 어느 정도나 공급받을 수 있는지 오후에 담당자와 미팅 잡으시고요. 하나백화점 쪽은 당분간 비밀로 하죠. 선우에 흘릴 수도 있으니까."

새로운 통로를 뚫지 못해 답답하던 1인 가구 식자재 사업은 유기농이라는 급물살을 타고 빠르게 진행되기 시작했다. 팀에도 새로운 활력이 넘쳤다. 민호는 점심도 거른 채 프레젠테이션 준비를 했다.

오후 3시. 극적으로 미팅 약속을 잡았다. 미팅 약속은 5시였다. 시곗바늘은 4시 10분을 가리키고 있었다. 빠진 것이 없는지 다시 한 번 꼼꼼히 챙겼다.

"수림에 다녀올게. 무슨 일 있으면 연락하고."

"다녀오세요."

기헌은 화면에서 눈을 떼지 않고 말했다.

"사람 좀 보고 말해라."

"어휴, 매일 보는 얼굴인데 뭘요. 저도 모델 찾느라고 바쁘다고요."

한낮의 땡볕은 지났지만 바람 한 점 없이 햇살이 따가웠다. 수림식품 본사는 20분이면 갈 수 있는 거리였다. 주차시간까지 생각하면 대중교통을 이용하는 게 더 나을 것 같아 택시를 잡았다. 미팅 전에 택시 안에서 다시 한 번 시뮬레이션을 하고 싶었다.

입사 초기, 갑자기 거래처에 들어갔다가 알던 것도 잊어버려 곤혹스러웠던 적이 있었다. 거래가 취소될 뻔했을 정도로 위기였던 그 일은 최근까지도 상당히 큰 트라우마로 남았다. 두 번 다시 패닉 상태에 빠지지 않기 위해서라도 철저한 준비는 생존의 필수전략이었다.

태블릿PC를 켜고 바탕화면에 있는 문서를 클릭하는데, 열리지가 않았다. 여유롭던 마음은 순식간에 날아가고 민호의 얼굴이 하얗게 변했다. 비명조차 나오지 않았다. 심장이 방망이질하기 시작했다. 점점 세차게 뛰는 심장을 애써 진정시키며 광속으로 클릭했다. 그러나 아무리 눌러도 문서는 열리지 않았다.

'혹시 출력을 해왔던가……'

가방 안을 샅샅이 뒤집어봐도 종이 한 장 보이지 않았다. 눈앞이 캄캄해졌다. 심장이 목 밖으로 튀어나올 것 같았다. 더듬더듬 겨우 휴대전화를 찾아 기헌에게 전화를 걸었다.

"네, 신기헌입니다."

"나, 나야. 무……물……물어볼 게 있어."

"과장님? 잘 안 들려요. 어디세요?"

터널로 들어가자 기헌의 목소리가 잘 들리지 않았다. 민호는 식은땀이 나는 손에 쥔 휴대전화를 생명줄이라도 되는 양 온 힘을 다해 움켜쥐었다.

"택시, 택시 탔다고! 안 들려?"

"이제 좀 들려요. 아직 도착 못 하셨어요? 길 막히면 티맵T-map 보세요."

"T……뭐?"

기헌의 목소리가 제대로 들리지 않던 터라 목소리가 커졌다.

"앱이요. 티맵. 그거 열면 실시간 교통상황 뜨는데."

"앱이고 애플이고 내 태블릿PC에 자료가 안 열려. 에버노트에서 다시 다운 받아야 될 거 같은데."

"테더링Tethering 하시면 되잖아요."

"테…… 뭐?"

"테더링이요, 테더링. 아이고, 우리 과장님 스마트폰은 통화하는 데만 쓰나 보네."

옆에 있으면 한 대 쥐어박고 싶었지만 지금은 한시가 급했다.

"휴대전화에 설정 눌러보세요. 거기에 개인용 핫스팟^{Hot spot} 있죠? 그 거 누르세요."

"응. 눌렀어. 꺼져 있다고 되어 있네."

민호는 온순한 아이처럼 기헌이 시키는 대로 고분고분 말을 들었다.

"맞아요. 그걸 켜세요. 그리고 태블릿PC의 설정으로 들어가세요."

"응. 들어갔어."

"네트워크에 과장님 휴대전화 번호가 뜰 거예요. 그걸 연결하세요."

"어라? 아무것도 안 뜨는데?"

"좀 기다려야 해요. 전자제품은 절대 급하게 생각하면 안 된답니다. 릴랙스~!"

"아! 떴다. 비밀번호 누르라는데?"

"스마트폰 설정에 있어요. 거기 있는 비밀번호 누르시고 잠깐 기다리 세요. 과장님, 저 부장님이 찾으시는데요. 끊을게요. 안 되면…… 그냥 어떻게든 하고 오세요!"

'이 자식이 그걸 말이라고!'

하지만 민호는 기헌은 잠시 잊고 최대한 집중했다. 다행히 태블릿PC 는 스마트폰 네트워크에 연결이 되었다. 무사히 자료를 다운받았다. 한 순간이었다.

화면을 가득 채운 낯익은 문서가 보이는 순간 참고 있던 숨을 내쉬었다. 얼마나 긴장했던지 얼굴은 온통 땀범벅이었다. 발바닥까지 축축해질 정도였다.

　화면에 보이는 자료를 머릿속으로 쭉 빨아들였다. 반쯤 빠져나갔던 혼이 제자리로 돌아왔다. 셔츠 안으로 바람을 불어넣으며 땀을 식혔다. 수림식품 본사가 눈앞에 보였다. 저승사자에게 끌려갔다가 살아 돌아온 기분이었다.

"과장님, 수고하셨습니다!"

무사히 프레젠테이션을 마치고 돌아온 민호를 보며 기헌이 활짝 웃었다. 오늘은 정말 기헌에게 큰 도움을 받았다. 한숨 돌린 민호는 퇴근 전 마지막 업무에 집중했다.

돌아오는 길에 수림에서 준 자료와 자신이 정리한 것을 카메라로 찍었다. 촬영한 자료는 섬네일^{Thumbnail}을 이용하면 편했다. 컴퓨터에서 작은 섬네일로 파워포인트 화면을 펼쳐놓고 한 장면으로 찍어두면 보고서를 따로 인쇄하지 않아도 모든 내용을 한눈에 확인할 수 있었다.

프레젠테이션 내용을 섬네일로 만들어보면서 신중하게 검토하고 몇 번씩 확인했다. 기헌이 슬쩍 고개를 내밀었다.

"제가 구해드린 겁니다. 과장님. 한 잔 쏘세요! 오늘 콜?"

"고마워. 맥주 한 잔 하자고."

일이 끝나고 난 후에야 민호는 크게 기지개를 켰다. 그 짧은 시간 동안 얼마나 긴장했는지 뒤늦게 어깨가 아파왔다. 나이는 몇 살 차이 안 나지만 오늘 일을 겪고 나니 기헌과 비교해 자신은 옛날 사람처럼 느껴졌다.

한숨 돌리는데 강윤이 휴대전화로 통화하며 지나가는 모습이 눈에 들어왔다. 멀고 먼 안드로메다에 있는 신적인 존재 같았다. 새삼 '격차'라고 부를 수밖에 없는 차이를 생각하자 누구나 쉽게 배우고 따라 할 수 있는 스마트워크를 고작 몇 가지 배웠다고 들떠 있었던 자신이 부끄러웠다.

"배우자. 그것만이 살 길이다."

민호는 결의에 찬 눈빛으로 다짐했다.

02

크롬의 신세계를 만나다

　　월요일 아침, 민호는 출근시간보다 한 시간 먼저 사무실에 도착했다. 제일 먼저 이메일을 확인하고 답장을 바로 보낼 것과 보류할 것을 분류하고, 구글캘린더를 통해 오늘 할 일을 정했다.

　　에버노트를 보면서 빠진 사항은 없는지 다시 한 번 확인했다. 아침 한 시간의 집중력은 10시간 업무에 맞먹는 위력을 발휘할 때도 있었다. 에버노트 하나만으로도 불필요한 시간이 확 줄었다. 회의록 요청이 들어오면 에버노트 링크를 걸어 직접 확인할 수 있도록 했다.

　　필요한 이미지나 동영상까지 올려서 공유할 수 있었기에 의견을 나누는 것도 훨씬 좋았다. 심지어 프레젠테이션 기능까지 있었다. 이 좋은 걸 왜 이제야 알았는지 혼자 감탄하며 몇 번이나 무릎을 치기도 했다. 날짜

별로 모두 찾아볼 수 있으니 다시 찾아야 하는 수고까지 덜 수 있었다.

강윤이 지속적으로 에버노트를 이용할 수밖에 없도록 독려하고 강제적으로 확인했기 때문에 에버노트에 빨리 익숙해질 수 있었다.

하지만 아직도 익숙하지 않은 사람이 있었다. 덕규였다. 예전의 습관이 남아 있어서 '지난번 회의 내용 어떻게 되지?'라고 묻기 일쑤였다. 처음 몇 번은 민호가 일일이 다시 보고하기도 했지만 같이 들어갔던 회의의 결론을 덕규에게 대답하는 현장을 강윤에게 들킨 이후로 용기 있게 "에버노트 보시면 됩니다"라고 말할 수 있게 되었다.

사실 덕규의 고민은 다른 데 있었다. 에버노트에 보고서를 직접 올리고 공유하면서부터 부하직원의 보고서를 '슬쩍' 하기가 어려워진 것이다. 예전에는 누군가 만든 보고서를 자신이 만든 양 윗선에 올리기가 편했다. 부족한 게 보이면 큰소리 한번 치면 그만이었다. 마음에 들지 않은 경우 회의에서 내린 결정이라고 해도 끝까지 트집을 잡을 수도 있었다.

안 해도 될 일까지 만들어서 하라고 하는 억지를 부리면서 일처리를 해왔던 덕규였기에 익숙한 자신의 방식을 포기하고 바꿔야 한다는 점에 속이 뒤틀렸던 것이다. 이런 덕규를 강윤도 지금은 관망하고 있었다. 덕규도 아직까지는 강윤에게 대놓고 발톱을 드러내진 않았다.

덕규와 달리 민호는 서서히 스마트워크에 적응하고 있었다. 민호는 평생 직장인으로 살고 싶었다. 남들이 들으면 포부가 작다고 할지 모르지만 정규직으로 출퇴근하는 직장생활이 자신한테는 가장 잘 맞았다.

그 직장이 지금 일하고 있는 한강유통만이라고 생각하지 않았다. 어떤 일이 생겨서 직장을 옮길지도 모른다. 평생 직장인으로 사는 것이지 하나의 회사가 평생 직장이 될 것이라고 생각하지 않았다. 다만 자신이 있는 자리에서 최선을 다하고 싶었다. 회사에 도움이 되는 과장, 차장, 팀장이 되고 싶었다. 최대한 역량을 발휘할 수 있도록 업무력을 키우고 싶었다.

왜 이런 변화가 생겼는지 민호도 정확히는 몰랐다. 오랜만에 무언가 새로운 것을 배우고 있다는 흥분 때문인지, 스마트워크로 업무시간이 줄어든 것을 체감하고 있기 때문인지, 태스크포스 팀에 적응하면서 생긴 여유 때문인지, 이 모든 것의 총합으로 생긴 에너지 때문인지 알 수 없었다. 하지만 확실히 한두 달 전에 비하면 얼굴에 생기가 돌았다.

그렇다고 갑자기 일상이 달라진 것은 아니었다. 야근을 하는 것도 변함없었고, 새로운 도전 앞에 쩔쩔 매는 모습도 남아 있었고, 쌍둥이들이 지치지 않고 놀아달라고 매달리는 것도 변함없었다. 하지만 확실히 기운이 솟았다.

어쩌면 아내와의 관계 변화가 가장 큰 이유인지도 몰랐다. 에버노트를 계기로 아내와 더 많은 대화를 나누게 되었다. 혼자 살림하랴, 쌍둥이 돌보랴, 지친 아내를 위해 집안일을 좀더 맡았다. 요즘엔 연애 시절로 돌아간 것처럼 두 사람 사이가 좋아졌다.

"아자! 오늘도 일이다! 일! 열심히 해보자고!"

앞으로 10분 간격으로 팀원들이 출근할 것이다. 커피를 한 잔 마시려고 탕비실로 가는데 강윤이 벌써 출근해 있는 것이 보였다. 안을 슬쩍 들여다보던 민호는 입이 떡 벌어졌다.

강윤은 세 개의 스크린을 자유자재로 왔다 갔다 하면서 일하고 있었다. 어쩌나 유연하게 이동하는지 서퍼가 자유롭게 파도를 타는 듯했다. 유리창에 딱 붙은 채로 스크린을 종횡무진 오가는 장면을 보니 입에서 감탄사가 연신 터져 나왔다.

'스리 스크린이라니…… 우와…… 저게 가능하구나…….'

입을 벌리고 밖에 서 있는 민호를 강윤이 발견하고는 웃으면서 들어오라고 손짓했다.

"뭐 할 말 있어요?"

"아, 아니요. 지나가다가 계시길래……. 그런데 그건 어떻게 하는 거예요?"

"이거요? 크롬Chrome을 이용한 거예요."

"크롬요?"

그제야 강윤의 컴퓨터 화면을 보니 크롬이 띄워져 있었다. 재미있는 것은 크롬에 여러 개의 창이 띄워져 있다는 점이었다. 크롬을 사용하면서 아이패드, 아이폰, 태블릿PC 등 다양한 디바이스에서 같은 화면을 보고 있었다.

"되게 신기하네요."

"그렇죠? 게다가 편하기까지 해요. 크롬을 이용하면 서로 다른 기기를 이용해도 다른 기기에서 보고 있던 웹 페이지를 불러와서 볼 수 있어요. 집이든 회사든 외근 중이든 스마트폰이나 태블릿PC를 이용해서 같은 웹 페이지를 열어보죠. 언제 어디서든 수시로 업무 검토를 할 수 있거든요."

"언제 어디서나요?"

"네. 출근 중에 스마트폰으로 열어보았던 웹 페이지의 히스토리까지도 출근 후 회사 컴퓨터로 다시 볼 수 있어요. 어떤 디바이스에서 열어보았던 기존의 웹 페이지도 쉽게 확인할 수 있죠. SNS나 카카오톡으로 지인들이 보내준 유용한 웹 페이지 정보를 쉽게 회사 컴퓨터로 확인할 수 있는 건 물론이고요."

"일일이 새로 찾아볼 필요가 없으니 진짜 편하겠네요."

"김 과장도 한번 써봐요."

민호는 고개를 끄덕이고 나왔다. 당장 크롬을 사용해 보리라. 그런데 자리에 앉자마자 허허허, 헛웃음을 터뜨리고 말았다. 크롬이 그냥 프로그램인 줄 알았지 웹 브라우저인지도 몰랐던 것이다.

인터넷 창을 여는 방법은 당연히 인터넷 익스플로러 하나만 있는 줄 알았다. 지금까지 대개 MS 윈도우를 설치한 기기를 썼기 때문에 당연한 생각일 수도 있었다. 크롬은 속도도 빨랐다.

"어디 보자. 내가 자주 쓰는 모든 기기의 크롬에 동일한 구글 아이디로 로그인을 해서 동기화만 하면 된다 이거지. 좋아서."

중요한 것은 동기화였다. 로그인으로 동기화된 크롬 브라우저를 사용하면서 설정을 바꾸거나 확장 프로그램을 사용할 수도 있었다. 당장 스마트폰과 노트북으로 실험해 보았다. 별로 한 것도 없는데 크롬을 실행하는 순간 공유되는 것을 확인할 수 있었다. 다른 기기를 사용하고 있는데도 한 개를 꾸준히 사용하고 있는 듯 편했다.

크롬에 대해 이것저것 해보다 보니 신기한 것이 한 가지 더 있었다. 확장 프로그램 중 크롬 투 폰Chrome to Phone이었다. 컴퓨터에서 웹서핑을 하다가 괜찮다고 여긴 곳의 웹 화면, 전화번호, 텍스트, 지도 등을 휴대 전화로 그대로 전송해 주는 프로그램이었다. 민호는 누구에게라고 할 것도 없이 두 손을 번쩍 들었다.

"야아! 브라더, 이거 신세계잖아!"

언제 어디서나 업무가 가능하다는 강윤의 말이 다시 떠올랐다. 시간이 없어서 일을 못 한다는 건 핑계였다.

"나도 언젠가는 열 시간 걸려 하던 일을 다섯 시간 만에 하게 될 날이 올까?"

민호는 희망을 갖기로 했다. 스마트워크는 자신이 알지 못하던 시간의 문을 열어주는 것만 같았다.

크롬의 확장 프로그램

크롬의 확장 프로그램을 사용하면 크롬을 보다 편리하게 쓸 수 있다. 유튜브 다운로드 프로그램은 물론 크롬에 보여지는 웹페이지를 캡처하거나 에버노트나 포켓 등으로 웹 페이지 내용을 저장할 때도 유용하다.

특히 단축 URL은 현재 크롬에 보이는 페이지의 URL을 짧은 주소로 바꿔주어 카카오톡이나 이메일로 공유할 때 편리하다. 유튜브에서 발견한 유용한 동영상을 직접 컴퓨터에 다운로드해서 인터넷 연결 없이도 프레젠테이션 문서에서 사용할 수 있다.

03

움직이는 사무실,
폴라리스 오피스

유기농 식자재는 극비리에 진행되었다. 충분한 물량을 확보하는 것은 물론 선우 쪽에 새어나가지 않게 하려고 은밀하게 접근해야 했다. 아직까지는 별다른 눈치를 채지 못하는 것 같았지만 긴장을 늦출 수 없었다. 유통은 시간과의 싸움이기도 했다.

경기도 근처에서 유기농 농사를 짓는 곳을 찾아 부지런히 발품을 팔았다. 하루 종일 외근하고 오후 늦게 사무실에 들어왔다. 민호를 보자마자 기헌이 다급하게 물었다.

"과장님, 휴대전화는 왜 끄고 계셨어요?"

"응? 그럴 리가 있나."

"한 시간 전에 이사님이 찾으셔서 계속 전화했었다고요."

"어이쿠. 그래?"

휴대전화 전원이 꺼져 있었다.

"배터리가 방전됐었나 본데. 급한 일이야?"

"하나백화점 관련 자료 때문인가 봐요."

"아, 그거. 지금 바로 올릴게."

휴대전화 충전기를 꽂자마자 수십 통의 문자 알람이 울렸다. 문자를 살펴보다가 민호는 깜짝 놀랐다.

　고3 담임선생님 부고. 강남성모병원 영안실.

　모레 발인.

'투병 중이시라는 이야기는 들었지만 이렇게 빨리……'

담임선생님의 혈기왕성한 모습이 떠올랐다. 학교에 10년 이상 재직하다가 경제적인 이유로 입시학원으로 옮겨 강의한다는 이야기와 함께 술을 마신 게 2년 전쯤이었다. 스트레스를 많이 받고 있는 듯한 모습이어서 그때도 마음이 짠했었다.

'이럴 줄 알았으면 좀더 자주 찾아뵙는 건데……' 일이 손에 잡히지 않았다.

영정사진 앞에서도 믿기지 않던 선생님의 죽음이 향을 피우고 큰절을 두 번 하고 난 후에야 실감이 났다. 시간이 지나고 하나둘 찾아온 동기들이 많아지자 흡사 동창회 분위기가 났다. 술잔을 주고받으며 옛날 이야기를 했다.

그때였다. 휴대전화 벨이 울렸다. 강윤이었다. 서둘러 휴대전화를 들고 밖으로 나갔다. 술기운이 살짝 올라 목소리가 높았다.

"네, 이사님!"

"김 과장, 퇴근하면 전화하는 거 아닌데 미안해. 오늘 오후 5시 50분에 올린 하나백화점 관련 자료 있지요? 그게 최근 버전이 아닌 것 같은데. 한번 확인해 볼래요? 내일 사장님과 조찬 모임 있는데 최종 오케이 받으려면 그게 있어야 진행이 되거든."

"알겠습니다. 확인하고 다시 연락드리겠습니다."

휴대전화로 자료를 다운받아 확인했다. 아뿔싸! 파일 이름에 혼동이 있었는지 예전 자료를 올려놓았다. 갑자기 술이 확 깼다.

"내가 미쳤네, 미쳤어. 이거 어떡하지?"

민호는 사무실로 전화를 걸었다. 혹시라도 누군가 남아서 야근하고 있기를 간절한 마음으로 빌고 또 빌었다. 누구라도 자신의 컴퓨터를 켜서 파일을 보내주면 되기 때문이었다.

하지만 이미 11시가 넘은 시간, 아무도 받지 않았다. 하필이면 오늘따라 태블릿PC도 갖고 오지 않았다. 입이 바싹 말랐다. 지금이라도 당장 회사로 들어가야 할 것 같았다.

"무슨 일 있냐?"

"아니…… 그냥"

"회사에서 온 전화지?"

대학 친구인 동식이 걱정스러운 얼굴로 물었다. 직장 밥 7년이면 얼굴만 봐도 집일인지 회사 일인지 안다던가.

"파일을 잘못 올렸어."

"수정할 게 많아?"

"많지는 않은데…… 아, 내가 왜 그랬는지 모르겠다."

"잠깐만 있어봐."

동식은 차에서 자신의 가방을 가져오더니 태블릿PC를 꺼냈다.

"이걸로 잘못 보냈다는 파일 열 수 있어?"

"열 수 있지. 그런데?"

"일단 열어봐."

시키는 대로 행동에 옮겼다. 무언가 방법을 알고 있는 것 같았다. 동식은 민호의 메일에 첨부된 파일을 다운받더니 알 수 없는 앱을 가동시켰다. 이름은 폴라리스 오피스$^{Polaris office}$였다.

"이걸로 파일 수정할 수 있을 거야."

정신없이 문서를 살피며 틀린 부분을 고쳤다. 다행히도 지난 파일과 이번 파일의 차이를 정확하게 기억하고 있었다.

"다 된 것 같은데."

"일단 저장해. 그리고 보내야 하는 사람 메일 줘봐."

"에버노트에 올리면 되는데. 깔려 있어?"

"있지. 에버노트 쓸 줄 아는 놈이 왜 폴라리스 오피스는 모르냐?"

동식이 에버노트를 열어주었다.

"다 됐다! 덕분에 살았네."

"움직이는 사무실이지. 폴라리스 오피스 하나만 제대로 쓸 줄 알면 걱정 없다."

민호도 따라 웃다가 조만간 폴라리스 오피스를 자세히 배워야겠다고 마음먹었다.

"먼저 들어가. 전화 한 통 하고 들어갈게."

"그래. 빨리 들어와. 오랜만에 술 좀 먹어야지."

동식을 먼저 들여보내고 강윤에게 전화하려고 휴대전화를 집는데 문자 알림음이 들렸다.

새 파일 확인했어요. 수고.

순간 강윤의 업무력은 시간운용에 있는 것이 아닐까 하는 생각이 스쳐 갔다. 그동안 강윤에게 메일을 보낼 때마다 어김없이 10분 안에 피드백이 왔다.

특히 신기했던 건 강윤이 의사결정권자가 아니라 사장님의 결재를 받아야 하는 내용일 때였다. 강윤은 늘 자신의 현재 상황과 본인이 언제까지, 어떤 입장으로 사장님께 확인해서 확답을 받아 회신하겠다는 피드백을 주었다.

그런 회신을 받으면 왠지 자신이 한 업무에 대한 자신감과 보람이 느껴졌다. 강윤과 일하면서 업무가 지체되고 있다거나 피드백이 늦다는 느낌을 받은 적이 한 번도 없었다.

시계를 보았다. 10분이 지났다. 단지 10분 사이 천국과 지옥을 오간 느낌이었다. 자신도 달라지고 싶었다. 좀더 일을 잘하고 싶었다. 어떤 일이 일어나도, 어느 장소에 있어도, 당황하지 않고 방법을 찾아내고 싶었다.

고개를 들고 하늘을 바라보았다. 캄캄한 밤하늘에 달이 환하게 빛나고 있었다.

 구글 문서와 드라이브

구글에서 제공되는 구글 독스Google docs와 구글 드라이브Google drive 등은 웹 오피스Web office, 웹 클라우드Web cloud로 컴퓨터·스마트폰·태블릿PC 등에서 MS 오피스 문서 확인과 편집을 가능하게 한다.

폴라리스 오피스 앱이 아닌 구글 독스, 구글 드라이브 앱을 설치하고 사용할 수 있다. 또한 MS에서는 오피스 문서를 스마트폰 등에서 확인하고 편집할 수 있는 앱을 무료로 공개하고 있어 어디서든 문서를 확인하는 것이 가능하다. 구글 독스의 강점은 에버노트처럼 MS 오피스 문서를 동료들과 공동으로 편집하고 수정할 수 있다는 점이다.

04

이 대리의 페이스북

수림과 두 번째 미팅이 있는 날이었다. 아침부터 긴장감이 느껴졌다.

"김 과장, 수림 들어가기 전에 사장님이 같이 점심 하자시는데 괜찮지?"

"네."

사장은 드물게 평사원에서 시작해 최고의 위치까지 간 사람이었다. 한눈팔지 않고 회사와 동고동락해서인지 회장의 신임도 두터웠다.

사장이라고 해도 소박하고 소탈한 성품으로 두루두루 평판이 좋았다. 길에서 만나면 이웃집 아저씨 같을 정도로 격식에 얽매이지 않았다.

"여기 설렁탕 셋이요!"

민호는 수저 한 벌씩을 냅킨으로 싸서 사장과 강윤 앞에 놓았다. 사장은 앉자마자 민호를 보며 말했다.

"김 과장이 에버노트에 올려놓은 회의록은 봤어. 그 이후에 오간 내용은 더 없지?"

"네. 보신 게 전부입니다."

"오늘 쐐기를 박아야 하는데…… 어때?"

강윤이 신중하게 대답했다.

"오늘이 승부죠. 첫 번째 미팅 때 김 과장이 잘 해줘서 일단은 우호적인 분위깁니다."

민호는 조심스럽게 설렁탕을 먹다 말고 고개를 숙였다. 사장은 말없이 고개를 끄덕였다.

"그쪽 헤드가 김 부장이지? 어떤 스타일인가?"

민호의 숟가락질이 멈추었다. 사장이 김 부장을 모를 리는 없고, 뭔가 새롭게 발견한 건 없는지 기대하는 질문이었지만 딱히 떠오르는 건 없었다. 옆에서 가볍게 스마트폰 화면을 보던 강윤이 입을 열었다.

"제 생각에 김 부장은 별로 도움이 안 될 것 같습니다. 그쪽 키 맨은 이 대리입니다."

"그래?"

"김 과장 회의록 보니까 정곡을 찌르는 이야기는 다 이 대리에게서 나왔던데, 어때?"

"네. 모든 정보 확인은 이 대리와 하고 있습니다."

강윤은 구글캘린더를 열어 사장에게 이후 일정과 진행 과정을 요약해서 쟁점만 짚어나갔다. 옆에서 듣는 것만으로도 현재 어떤 상황인지 그림으로 그려졌다.

동그란 뿔테 안경을 끼고 말을 이어가던 이 대리와 금테 안경에 하얀 와이셔츠를 입고 침을 튀기며 말하던 김 부장 얼굴이 스쳐 지나갔다.

"한 가지 마음에 걸리는 건…… 지난번 미팅에선 자기네 쪽 니즈를 조금이라도 비치는 일이 없었다는 겁니다."

"그래?"

사장은 묵묵히 설렁탕 국물만 떠먹었다. 생각에 잠시 잠긴 듯하더니 말을 꺼냈다.

"김 부장은 의외로 의뭉스러운 데가 있어. 허세만 부리는 건 아닐 거고 히든카드가 있긴 있을 거야. 그래도 실무를 꼼꼼하게 따져서 도움 줄 사람은 아니지. 반면 실세가 이 대리라면 비효율적인 일에 예민할 거야. 실무에 도움 안 되고 목소리만 큰 상사가 사무실에서 도움이 될 리는 없거든."

말을 멈춘 사장은 민호를 보며 말했다.

"이 대리 전담 마크맨이 필요해. 그건 김 과장이 맡아. 괜찮지? 직위도 위잖아?"

"네. 알겠습니다."

"우리 키 맨은 김 과장이니 서로가 콘택트 포인트가 되는 게 가장 효율적이겠네요."

사장과 강윤은 웃었지만 민호는 같이 웃을 수가 없었다. 얼마 전에도 파일을 잘못 올리는 실수를 했다. 인턴도 하지 않을 실수를 과장씩이나 된 놈이 했는데 키 맨이라니. '설렁탕 그릇에 고개를 빠뜨리고 있는 민호를 보고 사장은 너털웃음을 터뜨렸다.

"하하하. 이렇게 소심해서야 원. 송 이사가 마음먹고 칭찬한 거야. 그나저나 이 대리가 어떤 사람인지 알면 조금 더 일을 진행하기 쉬울 텐데. 지금까지 진행된 이야기만으로는 우리랑 도장 찍을 거라고 확신할 수 없어. 이번에 밀어붙여서 확답 얻어내야 해."

민호는 또다시 막막해졌다. 정해진 업무는 꼼꼼하게 잘 정리하고 보고할 자신이 있었지만, 자신이 산수도인도 아니고, 한번 본 사람의 업무 스타일과 취향을 단번에 알아낼 방법을 알 리가 만무했다.

"아, 잠깐만요."

강윤이 밥을 먹느라고 잠시 옆으로 밀어놓았던 스마트폰을 잡았다.

"이 대리는 워커홀릭이네요. SNS에도 업무 관련 콘텐츠로만 가득해요. 어디 보자. 사람들이 달아놓은 댓글에 답을 달아놓은 걸 보니 다방면에 아는 게 많고. 어, 사장님이랑 같은 대학원 나왔군요."

강윤은 혼잣말과 대화를 왔다 갔다 하며 말을 이어갔다.

"그래? 그런데 지금 뭐 보는 거야?"

"이 대리 페이스북이요."

"거기 그런 것도 나와 있어? 그러면 최대한 빨리 친분 쌓아 따로 밥 한번 먹어. 업무와 관련된 공식적인 자리 말고 자네들끼리 비공식적으로 한번 만나는 자리로. 선배가 후배 밥 산다고 하고 신나게 놀아."

"저도 나이가 많은 축일 겁니다. 김 과장에게 맡기겠습니다."

"그러든지."

"공식적인 회식은 아주 싫어하고 맛집은 좋아하고. 페이스북 친구는 많지만 실제로 만나는 사람들은 정해져 있고. 대충 사이즈 나오네."

민호는 놀라서 강윤을 바라보았다.

"어떻게 아셨어요?"

"자기 친구가 회식 싫다고 써놓은 글에 동조하는 댓글 달아놓았거든. 포스퀘어Foursquare도 하는지 한번 볼까? 어디 보자. 있네. 그럼 동선은 파악될 거야. 어라? 하하하, 재미있는 친구네요."

어느새 세 사람은 강윤의 스마트폰 화면을 동시에 쳐다보고 있었다.

"김 과장, 냉면 좋아해?"

"일부러 찾아 먹는 편은 아닌데요."

"이 친구 평양냉면 광이네. 함흥냉면은 입으로 먹고, 평양냉면은 몸으로 먹는단다. 이거 한번 봐."

평양냉면을 앞에 두고 반달눈이 된 이 대리가 활짝 웃는 사진이 보였다. 지난 미팅 때 봤던 모습과는 딴판이었다. 이런 모습의 이 대리는 밖에서 보면 알아보지 못할 것 같았다.

"오늘은 전체 프로세스 빨리 끝내고 문제 되는 지점 확인해. 그냥 밑장 다 까고 와. 새로 진행하는 사업은 시행착오 겪게 되어 있으니까 너무 우리 것만 내세우지 말고 그쪽 니즈도 잘 들어주고. 다 먹었으면 일어날까? 아줌마가 눈치 주네. 허허."

세 사람은 밖으로 나왔다.

"커피 한잔 하고 보내면 좋은데, 보고받을 게 있어서 먼저 들어갈게. 잘 다녀오고."

"네. 알겠습니다. 갔다 와서 바로 보고 드리겠습니다. 아, 업무 외 따로 상의드릴 게 있습니다."

"그래, 내일 저녁 같이 하지."

사장이 회사로 들어가는 모습을 본 후 강윤은 스마트폰으로 이 대리의 페이스북을 유심히 살펴보고 있었다. 최근 SNS를 하는 사람이 많다는 것은 민호도 알고 있었다.

하지만 페이스북은 자신의 삶을 과시하지 못해 안달 난 사람들이 자기노출을 하는 곳이라고 생각했다. 관심 끌고 싶어 견딜 수 없는 사람의 판이라고 생각한 SNS 서비스를 강윤은 쉽게 비즈니스로 끌고 와 활용하고 있었다.

민호의 눈에 강윤은 원하는 정보를 너무 쉽게 얻는 사람처럼 보였다. 어떤 것이든 비즈니스와 연결하는 능력이 있었다. 좋은 목수는 연장을 가리지 않는 법이었다.

외부 사람들을 많이 만나는 일을 하는 이상 상대에 대한 정보는 꼭 필요했다. 비즈니스맨이라면 사람들이 좋아하는 플랫폼에 대해 관심을 가지는 것이 여러모로 유리하다는 생각이 들었다.

수림에 들어가기 전까지도 강윤은 이 대리의 페이스북을 살펴보고 있었다. 중요한 정보를 찾는 능력의 비밀을 살짝 엿본 듯했다.

"이 대리 페이스북에 아주 좋은 명함관리 앱이 있네. 내가 쓰는 거랑 비교해 봐야겠어."

"명함관리요?"

그 사이 새로운 앱을 깔고 있는 강윤을 보며 민호는 엉겹결에 스마트폰을 꺼내서 같이 다운로드를 받았다. 회의가 시작되기 전 강윤이 싱긋 웃었다.

"각오는 됐지?"

"네. 준비 됐습니다."

민호는 주먹을 불끈 쥐었다. 신규 사업의 중요한 성패가 달린 미팅이었다. 반드시 성공시키고 싶었다.

페이스북, 트위터의 인물검색

페이스북이나 트위터 등에서는 사람 이름을 이용해서 검색이 가능하다. 단, 동명이인이 많아 검색 결과에서 원하는 사람을 찾기란 쉽지 않다. 이때 유용한 것은 상대의 전자우편 아이디를 이용하는 것이다. 대부분의 경우 전자우편 아이디와 SNS 아이디를 동일하게 사용하는 경우가 많아 이것을 이용해 추적할 수 있다.

혹은 구글 등의 검색엔진에서 이름과 아이디, 2개를 이용해 상대방에 대한 정보를 확인하는 것도 유용한 방법이다. 상대의 회사 전화번호나 휴대전화 번호를 이용해서 검색해 볼 수도 있다.

만약 메일 주소가 'oojoo@daum.net'이고 이름이 김지현이라고 한다면, 구글이나 네이버 등에서 '김지현 oojoo'로 검색하면 상대에 대한 상세한 정보 검색이 가능하다. 혹은 김지현의 휴대전화 번호나 회사 번호만을 이용해 검색하다 보면 상대에 대한 새로운 정보를 찾아볼 수도 있다.

페이스북에서는 상대의 이름만으로 검색하면 너무 많은 정보가 나오므로 상대의 회사나 상대가 관심을 갖는 분야의 페이스북 그룹 혹은 상대방과 평소 친한 지인의 페이스북 주소를 이용해 상대의 페이스북 주소를 알아낸다. 링크드인Linkedin과 같은 서비스를 이용하면 더 상세한 프로필을 확인할 수 있다. 특히 링크드인은 상대의 상세 이력과 근무지, 업무역량과 프로젝트 경험, 지인을 한눈에 파악할 수 있다.

05

발목 잡는 낡은 성공 공식

"수림과 거래 성사시킨 것 축하하네. 자네 덕분에 일사천리로 진행되고 있어 정말 다행이야. 수고했어."

"감사합니다. 팀원들이 고생한 덕분입니다. 특히 김 과장이 애썼습니다."

"그래. 김 과장은 내가 생각해 두지."

사장이 싱글벙글 웃으며 강윤의 잔에 술을 따랐다.

"스마트워크는 어떤가? 다들 잘 적응하던가? 애초에 자네를 데려오기로 마음먹은 것도 스마트워크만 제대로 되면 본사와 지사 사이에 업무협의나 진행이 빨리 되고, 시간과 장소에 관계없이 필요한 업무를 진행할 거라는 믿음 때문이었네."

사장은 큰 기대에 차 있었다.

"나도 영상회의는 몇 번 해봤는데, 그거 정말 물건이더군. 비행기 타고 출장가지 않아도 되니 그 시간에 다른 일을 할 수도 있고, 내 시간도 가질 수 있으니 말이야. 요즘 분위기 보니까 선우도 업무 시스템 자체를 스마트워크로 바꾸려고 하는 것 같더군."

"곧 그렇게 되지 않을까요? 스마트워크에 익숙해지면 직원들의 업무 만족도는 확실히 올라갈 겁니다."

"그래. 그 일은 자네가 전문이니 무조건 믿겠네. 팀 분위기는 어떤가? 김 과장이나 신 대리나 송 이사를 든든하게 생각하는 것 같은데. 박 팀장하고는 일할 만한가?"

"그 일로 부탁드릴 게 있습니다."

"어허. 이 사람 오늘 아주 단단히 마음먹고 나왔나 보군. 담판을 짓고 싶다 이건가?"

"박덕규 팀장에 대한 전권을 저에게 주셨으면 합니다."

"그거야 이미 송 이사에게 넘긴 것 아닌가."

"조만간 박 팀장이 사장님을 찾아갈지도 모릅니다."

강윤이 태스크포스 팀을 꾸릴 때부터 팀장으로 염두에 둔 사람은 덕규였다. 인사파일과 그동안의 프로젝트, 업무 성과 자료를 살펴본 끝에 덕규보다 그 자리에 어울리는 사람은 없다는 판단이 들었다. 스마트워크를 제대로 익히고 활용한다면 누구보다 커다란 성과를 올릴 게 틀림없었다.

오히려 강윤에게 다시 고민해 보라고 말했던 사람은 사장이었다. 덕규의 성미로는 강윤을 상사로 두기가 힘들 것 같아서였다. 회사 입장에서 보면 충성도가 높은 덕규를 버릴 수는 없었다.

독단적인 성미가 문제가 되긴 해도 그처럼 회사 일에 열정을 쏟아붓는 사람도 드물었다. 어느 나라의 물건이든 정해진 분량 이상을 팔았다.

맡은 일을 해내기 위해서라면 스스로 밤을 새서 알아보는 것은 물론 부하직원들을 들들들 볶는 것도 모자라 보고서를 가로채면서까지 원하는 정보를 얻었다. 라이벌인 선우를 견제하면서 이만큼 회사를 키울 수 있었던 것도 덕규의 공헌이 컸다.

덕규는 이미 오래전부터 다양한 프로젝트를 성공리에 성사시켜 왔다. 된장, 고추장을 비롯해 요리할 때 꼭 필요한 재료들을 싼 가격으로 계약해서 성공적으로 유통 활로를 뚫을 수 있었던 것도 덕규의 힘이 컸다. 음식뿐 아니라 아웃도어 웨어, 건축자재, 커피 원두에 이르기까지 일을 시작하기 전에는 전혀 관심 없던 분야도 계약을 위해서라면 사람을 만나고 정보를 얻으며 회사를 위해 헌신했다.

누가 보아도 밀어붙이며 일하는 것은 단연 덕규가 최고였다. 하지만 동시에 이것은 덕규의 약점이기도 했다. 자신과 일하는 사람을 철저히 아래 두고 서열을 만들어 지시하기 쉬운 시스템을 만들었기 때문이었다.

반면 강윤은 그런 점에서 훨씬 담백했다. 회사 안에서 조직을 만들고, 어떤 라인에 서며, 라이벌을 제압하고 자신의 힘을 행사하는 데 에너지를 쓰기보다 팩트를 기반으로 성과를 이루는데 더 재미를 느끼는

타입이었다.

사장이 오랫동안 공들여 직접 스카우트해 온 것도 강윤의 이런 성향이 회사에 영향을 미칠 것이라 판단했기 때문이다.

시대가 변하고 있었다. 예전의 주먹구구식 방식은 더 이상 통하지 않았다. 시장은 빠른 속도로 판도가 달라지고 있었다. 유럽과 미국 진출은 어려워진 반면 중국의 추격 속도는 날이 갈수록 빨라졌다.

마윈 알리바바 회장처럼 인터넷기업 신화가 젊은이들을 창업으로 이끌고 있었고, 중국의 많은 투자자들은 성공할 자질이 있는 벤처를 찾기 위해 혈안이었다. 지금 당장 쇄신의 바람을 일으키지 않으면 1~2년 이후 회사의 명운이 어떻게 될지 알 수 없었다.

"자네가 볼 때 박 팀장은 뭐가 문제라고 생각하나?"

"변화가 빠른 상황에서 실행 중심의 사고를 하지 않는 것이라고 생각합니다. 오랫동안 영업팀에서 자신만의 노하우를 얻었고 비즈니스맨이 갖추어야 할 프레임도 갖고 있습니다. 하지만 올드합니다. 과거의 성공 공식이 반드시 다음 성장으로 이어지지 않는다는 것을 깨달아야 한다고 봅니다."

"음……."

"가장 큰 문제는 이대로 가면 스스로 대안을 모색하지도 못하고 누리던 것을 포기하지도 못한 채 벽 사이에 낀 상태가 될 것입니다. 옛날 좋았던 시절의 이야기만 하게 될 겁니다. 이건 박 팀장에게도 전혀 도움이 안 됩니다. 현실의 한계를 극복하려면 시대 흐름에 따른 변화도 받아들여야 하는데 아직 그러질 못하고 있습니다."

"하기 싫은 건 죽어도 못하는 성미지."

"하기 싫은 일도 해야 한다는 식의 화법은 전혀 먹히지 않을 거고, 저도 동의하지 않습니다. 다만, 박 팀장도 스마트워크 시스템을 잘 이용한다면 최고의 업무 성과를 얻게 될 겁니다. 그렇게 만들기 위해서 저도 더 노력할 수 있는 기회라고 생각합니다."

"그래. 다음 회의가 언제지?"

"수요일 오전입니다."

사장은 오랫동안 말이 없었다. 맨손으로 시작해 여기까지 왔다. 오직 일에만 평생을 바친 인생이었다. 덕규는 사장의 젊은 시절을 많이 닮아 있었다. 사장의 심정을 강윤은 충분히 이해할 수 있었다. 침묵을 지키는 사장에게 술을 따르며 묵묵히 곁을 지키고만 있을 뿐이었다.

06

똑똑한 인맥관리, 명함관리부터

덕규는 평소처럼 점심시간 후 보는 사람마다 똑같은 질문을 하고 있었다.

"오늘 뭐 먹었어?"

그를 아는 사람은 다음 질문이 뭔지도 알고 있다.

"누구랑?"

기헌은 덕규가 매일 같은 질문을 할 때마다 노골적으로 고개를 돌렸다. 민호에게 신경질적으로 물어본 적도 있었다.

"도대체 팀장님 왜 그래요? 남이 먹은 메뉴를 왜 물어봐요? 누구랑 먹었는지는 알아서 뭐하게? 물어볼 말이 그렇게 없어요?"

"누구랑 뭐 먹었는지 진짜 궁금하신가 보지."

버릇없는 기헌의 말을 들으면서도 민호는 웃기만 했다. 덕규가 왜 그러는지 알고 있었기 때문이다. 덕규는 절대로 혼자 밥을 먹지 않았다. 최대한 업무와 관련된 사람과 식사했다.

자기 생활과 업무의 거리가 가장 가까운 사람이 덕규였다. 점심은 술을 마시지 않는 클라이언트나 거래처 사람, 저녁은 술 마시는 클라이언트나 거래처 사람을 만났다.

회사 사무실 직원과 함께 밥을 먹는다는 것은 외부 사람들과의 프로젝트가 없거나 몸이 아파 다른 사람을 만나는 게 별 도움이 안 될 때뿐이었다.

민호가 덕규의 패턴을 알게 된 건 우연이었다. 덕규가 외근 중 전화를 걸어와 서류를 확인해 달라고 했을 때 책상에서 문득 보게 된 수첩 때문이었다.

그 수첩에는 클라이언트나 거래처 직원들의 외모, 성격, 식성까지 적혀 있었다. 찢어진 부분도 있었는데, 그건 아마 사이가 틀어지거나 일을 그만둔 사람인 듯했다.

덕규는 태스크포스 팀에 와서도 기존 고객들에 대한 관리나 업무를 소홀히 하지 않았다. 자신을 회사 대표이자 얼굴이라고 생각했기 때문이다. 이런 덕규의 인맥관리는 어떤 면에서는 감탄스럽기조차 했다.

태스크포스 팀에 들어온 후 민호에게도 변화가 생겼다. 외부 사람들을 많이 만나기보다 회사 내 다른 부서에 더 많은 관심을 가지게 된 것이다.

타 부서의 협력을 끌어내는 일이 많아진 게 가장 큰 이유였다. 기획부에 있을 땐 영업부와 갈등을 겪는 일이 많았지만 지금은 기획부, 영업부, 총무부, 대외협력부 등 회사 내 거의 모든 부서와의 긴밀한 협력이 중요했다. 덕분에 점심시간에 로비에서 다른 부서 사람들과 인사를 나누는 일이 잦아졌고, 함께 식사하면서 가까워졌다.

'외부든 내부든 사람들은 계속 만나게 될 텐데. 팀장님이 인맥 관리하는 스타일은 알겠고, 이사님은?'

문득 강윤의 인맥관리법이 궁금해졌다.

"김 과장, 야근하지 말라니까."

정신없이 일하다보니 어느덧 벌써 해가 지고 캄캄해져 있었다. 강윤은 외부 회의를 마치고 사무실에 잠깐 들르는 길이었다. 민호도 업무를 마무리하고 있었다.

"네. 저 이제 퇴근합니다!"

"그래요? 그러면 같이 가지. 처가에 들러야 하는데 김 과장 사는 동네랑 멀지 않아요."

엘리베이터를 기다리며 민호는 강윤에게 물었다.

"이사님은 인맥관리를 어떻게 하세요?"

"인맥을 관리한다는 말이 참 야박하긴 하지만 관리야 하죠. 김 과장도 명함첩 있죠?"

"네. 만난 사람들은 프로젝트별로 정리하고 있는데, 한꺼번에 모았다가 겨우 끼워 넣는 정도예요. 귀찮기도 하고요. 이사님만의 방법이 있으신가요?"

"물론 있죠. 명함을 받으면 그날 바로 액셀에 이름과 직위, 대화내용, 그날 받은 개인적인 인상까지 써놔요. 안면인식장애까지는 아니지만,

한 번 본 사람을 3년 후에도 기억하긴 힘드니까요."

"굉장하네요. 하지만 시간이 너무 많이 걸릴 것 같은데……."

"필요할 때 누가 브리지가 될까를 고민하는 시간을 생각하면 별거 아니에요. 늘 그렇듯 익숙해지면 금방이고, 나름 재미도 있죠. 회사 사람 말고도 헬스클럽에서 만나는 사람, 동문회에서 만난 사람들 따로 섹션을 나눠둬요. 그렇게 하면 검색을 빨리 할 수 있거든요."

"역시 속도군요."

"새로 명함을 주고받고 난 후에 그 사람과 헤어지면 명함만 남잖아요. 그 사람을 기억할 수 있는 유일한 물건은 명함이에요. 그래서 어떤 사람들은 명함에 어떤 사람이었는지 간단하게 적어두기도 한다는데, 나는 그게 마음에 걸렸어요. 그 사람 몸에 낙서하는 느낌이라서. 이렇게 생각하는 내가 이상한가?"

"하하하. 아닙니다. 저도 명함에 메모할 땐 얼굴에 낙서하는 것 같은 걸요."

"명함이라는 게 자신을 대표해서 건네준 거잖아요. 거기에 뭔가를 적기도 그렇고 시간 지나고 명함을 보면 사람이 기억나지 않고 해서 명함관리 프로그램을 만들어야겠다고 생각했죠. 그런데 앱이 바로 나오더군요. 내가 생각한 걸 누군가는 바로 실행한다 말이죠."

"정말 빠른 것 같아요. 얼마 전에는 명함관리만 전문적으로 하는 회사에서 앱을 만들었다는 이야기도 들었어요."

"굉장히 필요한 분야예요. 명함관리만 제대로 하면 인맥관리라고 따로 할 것도 없으니 비즈니스맨들에게는 필수죠."

"앱 사용하기 전에는 엑셀에다가?"

"잘만 쓰면 엑셀만큼 편리한 프로그램도 드물죠. 그렇지만 명함을 하나하나 엑셀로 입력하는 시간이 너무 많이 드는 거예요. 명함 앱이 나온 후부터 그걸 적극적으로 사용했죠. 처음에는 캠카드^{CamCard}라는 걸 썼어요. 알아요?"

"처음 듣습니다."

"명함을 찍으면 스스로 인식해서 자동으로 기입해 주는 시스템으로 만들어진 앱이에요."

"정말 편하겠네요."

"좋았죠. 명함만 제대로 정리되어도 그 사람에 대한 정보를 찾는 시간이 훨씬 줄어드니까요. 근데 한 가지 문제가 있었어요. 이게 한글 인식을 잘 못하는 거예요. 외국인들을 많이 만나는 비즈니스맨들에게는 안성맞춤이겠지만 나는 좀 불편하더라고."

"제대로 인식하지 못하면 그건 문제네요. 회사 이름이나 사람 이름을 잘못 저장해놨다가 실수할 수도 있고요."

"그러던 중 좋은 걸 알았어요. 얼마 전 이 대리 페이스북에서 찾은 명함 앱 있었죠? 써보니까 편하고 좋더라고. 한꺼번에 많은 명함을 받아도 금방 정리가 돼요."

"아! 그때 사장님과 설렁탕집에서 만날 날……!"

민호는 아차 싶었다. 자신도 그날 같은 앱을 깔았으면서도 한 번도 쓰지 않은 채 까맣게 잊고 있었던 것이다.

"명함을 카메라로 찍는 건 캠카드나 다른 앱이랑 비슷해요. 다른 점은 사진을 찍어 올리면 사람이 직접 손으로 명함 정보를 입력해서 인터넷 서버에 저장해 준다는 거예요. 내가 엑셀에 입력하던 걸 타이피스트가 따로 해주는 거죠."

"시간은 좀 걸릴 수 있겠네요."

"맞아요. 아주 급한 업무라면 적합하지 않을 수 있죠. 그렇지만 그렇게 늦지도 않더라고요. 어차피 회사 미팅에 가면 같은 회사니까 이름만 다르고 명함은 같잖아요. 만약 부서나 회사를 옮겼을 때에도 바뀐 내용이 자동으로 업데이트되죠."

"그거 좋네요. 그러면 어떤 회사에서 처음 만났는지 알 수 있으니까요. 친구들도 그렇고, 회사에서 만난 분들도 그렇고 이직을 많이 하니까요."

"회사에 들어온 후 명함에 관심이 많아지는 시기가 있어요. 자기만의 무기가 생기고, 업무 관계자들과 그 능력을 나눌 때인 경우가 많죠. 그때는 정말 관리가 필요한 시점이에요."

태스크포스 팀으로 이동한 후 새로운 사람들을 만나는 일이 서너 배는 늘었다. 누구를 만나든 그 사람에 대한 정보를 미리 알고 있으면 일이 쉽게 풀렸다.

지난번 강윤이 페이스북을 통해 사람에 대해 파악하는 것을 보고 민호도 미팅 전에는 반드시 확인하고 나갔다. 하지만 덕분에 챙겨야 할 게 많아지면서 고질적인 문제가 드러났다. 민호는 망설이다가 솔직하게 털어놓았다.

"사실 요즘 마음에 걸리는 게 있는데요. 업무가 많아지면서 일을 뒤죽박죽 섞어버리는 옛날 버릇이 나오는 것 같아요. 어떻게 하는 게 좋을까요?"

"얼마 전에 존 말코비치 인터뷰를 봤는데, 자기는 음악 하는 사람이랑 작업하는 게 좋대요. 예술가라고 하면 자기 관리도 안 하고 대충 느낌 오는 대로 막 쏟아내는 사람들인 것 같지만, 굉장히 철저한 연습의 결과로 만들어진 사람들이거든요. 배우보다 음악가가 좋은 이유가 그런 철저함이라고 하더군요. 예술도 그런데 비즈니스는 훨씬 더 하겠죠. 정신 차리고 있지 않으면 쉽게 예전으로 돌아가게 되어 있어요."

"가끔은 제가 무빙 벨트 위에 있는 것 같아요. 가만히 있으면 뒤로 가게 되는 것처럼 느껴질 때도 있고요."

"발전하지 않으면 퇴보하게 되죠. 움직여야 해요."

"직장인 생활 그만할 때까지 움직이고 관리해야 하는 건 알겠는데…… 그게 또 스트레스예요."

"하하하. 그 심정 충분히 이해해요. 하지만 스트레스도 생각하기 나름이죠. 보통은 스트레스를 지나치게 예민하게 받아들이는 경향이 있어요. 바다라는 업무 속에서 스트레스는 파도 같은 거죠. 세차게 몰아치는 날이 있으면 잠잠해지는 날도 있죠. 하지만 바다에 파도가 없으면 바다가 아니잖아요? 파도가 들이쳐야 바다가 살아있다는 것을 알 듯, 스트레스는 '내가 일을 정말 잘하고 싶어서 죽도록 애쓰고 있구나'라는 신호로 받아들여요. 하지만 파도에 잘못 휩쓸리면 목숨을 잃죠. 스트레스도 마찬가지예요."

민호는 고개를 끄덕였다. 바다에 파도가 없으면 바다가 아니라는 말이 와 닿았다. 자신이 일하는 이상 스트레스는 자연스러운 현상이리라.

"하지만 우리 스트레스 때문에 죽지는 말자고요."

강윤의 너스레에 민호도 가볍게 웃었다.

"이사님, 늘 고맙습니다."

"고민 나눠줘서 내가 고맙네요. 참, 이번 수림 건은 고마워요. 김 과장의 공이 컸어요. 사장님도 특별히 신경 쓰신다고 했으니 기운 내고. 오늘은 푹 쉬고 내일 봅시다!"

강윤을 배웅한 후에도 그 자리에 잠시 서 있었다. 강윤의 따뜻한 말에 기운이 솟았다. 집으로 걸음을 옮기는데 빗방울이 떨어졌다.

고개를 들자 먹구름이 몰려오고 있었다. 날씨가 심상치 않게 어두워지고 있었다. 금방이라도 비가 쏟아질 것 같아 서둘러 집으로 들어갔다.

그날 밤 태풍주의보가 내렸다. 이상하게도 기분 나쁜 예감이 들었다.

'별일 아니겠지. 무슨 일이 있진 않을 거야.'

민호는 억지로 마음을 추스르고 잠을 청했다. 하지만 천둥소리 때문에 깊이 잠들지 못하는 밤이었다.

 명함관리 앱 리멤버

리멤버Remember라는 스마트폰 앱을 이용하면 명함을 쉽게 입력하고 관리할 수 있다. 이 앱을 이용해 명함을 촬영하면 사람이 직접 명함의 상세한 정보를 입력해 주기 때문에 스마트폰으로 명함관리가 수월하다. 직접 명함 정보를 입력하지 않아도 되니 시간도 절약된다. 명함이 많을 때 택배로 보내면 수백 장의 명함을 자동으로 입력해 준다.

이렇게 입력된 명함 정보는 스마트폰을 잃어버려도 리멤버 앱을 다시 설치해서 사용할 수 있다.

💡 크롬(확장 프로그램)

크롬! 참 놀랍다. 정말 요즘은 놀라움의 연속이다. 인터넷 익스플로러만 알던 내가 크롬을 사용한다는 것이 제일 놀랍지만. 대한민국에 산다는 건 좋든 싫든 인터넷 익스플로러에서 100퍼센트 자유로울 수 없다는 걸 뜻한다.

인터넷 익스플로러 탭 멀티IE Tab Multi를 사용하면 크롬 안에서 IE를 끌어들여 크롬에서 잘 보이지 않던 사이트를 볼 수 있다. 특히 인터넷 쇼핑몰에서는 유용함 만점! 크롬 사용할 때 꼭 깔아야 하는 확장 프로그램이다.

크롬을 브라우저로서만 사용하는 것은 아까운 일이다. 크롬의 진가는 확장 프로그램의 편리한 기능에 있으니까. 대표적인 것이 피그툴박스Pig tool box다. 요즈음 인터넷 블로그나 티스토리를 보다 보면 수인장이 오른쪽 마우스 사용을 막아놓는 경우가 많다. 하지만 자료 수집을 하다 보면 글이나 사진을 복사하고 싶을 때가 있는 법! 이때 '우클릭 제한 풀기'를 설정하면 막혀 있는 블로그의 글과 사진을 복사할 수 있다.

이것뿐만이 아니다. 화면을 캡처할 때 프린트스크린Printscreen을 주로 사용하는데 이것은 화면에 보이지 않는 부분은 캡처가 되지 않는 단점이 있다. 하지만 피그툴의 '이 페이지 스크린샷 만들기'를 이용하면 스크롤이 시작하는 지점에서 끝나는 지점까지 전체 영역을 한 번에 캡처할 수 있다.

☞ PC에서 확장프로그램 크롬 피그 사용하는 방법

● 다운로드에서 실행까지

① 포털사이트에서 크롬을 검색하여 크롬 사이트에 들어가서 'Chrome다운'을 눌러 다운받는다.

② 크롬 브라우저를 열고 https://goo.gl/AKfOI로 접속한다. 'Pig Tool box(Super Gesture)'라는 프로그램 창이 뜨면 우측 'Chrome에서 사용가능'을 클릭한다.

③ 'Pig tool box를 추가하시겠습니까?'라는 질문 창이 뜨면 '확장프로그램 추가'를 클릭한다.

④ 오른쪽 맨 위에 생기는 ⊕ 모양의 파란 아이콘이 피그툴박스이다. ⊕을 눌러 나오는 목록에서 원하는 것을 클릭하여 설정한다.

● 확장프로그램 인터넷 익스플로러 탭 멀티 사용방법

① 크롬 브라우저를 열고 https://goo.gl/Pt4Dx로 접속한다. 'IE Tab Multi (Enhance)'라는 프로그램 창이 뜨면 우측 '+CHROME에 추가'를 클릭한다.

② 'IE Tab Multi를 추가하시겠습니까?'라는 질문 창이 뜨면 '확장프로그램 추가'를 클릭한다.

③ 오른쪽 맨 위에 생기는 e 이 익스플로러 탭 멀티이다. 아이콘을 눌러 나오는 목록에서 원하는 것을 클릭하여 설정한다.

마우스 제스처 사용하기는 우클릭을 유지한 채 좌, 우, 상, 하로 드래그함에 따라 이전 페이지, 다음 페이지, 스크롤업, 스크롤다운이 되는 기능이다.

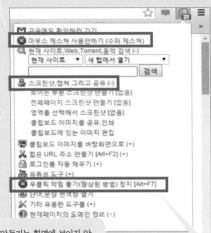

이 페이지의 스크린샷 만들기는 화면에 보이지 않는 부분까지 포함하여 스크롤이 시작하는 지점에서 끝나는 지점까지 전체 영역을 한 번에 캡처할 수 있다.

우클릭 막힘 풀기는 인터넷에서 우클릭을 제한해 놓은 웹페이지에서도 우클릭의 다양한 기능을 쓸 수 있다.

-`Ò`- 폴라리스 오피스

친구 덕분에 유용한 걸 하나 알았다. 그때 상황을 생각하면 아직도 등줄기가 오싹하지만. 폴라리스 오피스는 스마트폰으로 문서를 열고 편집도 하고 공유도 할 수 있다. 그야말로 직장인을 위한 앱이다. 특히 출장이나 외근 중에 파일을 확인하거나 수정할 때 요긴하게 쓸 것 같다.

장점은 스마트폰에 저장한 파일뿐만 아니라 온라인에 있는 파일들을 불러올 수 있다는 것. 이것저것 프로그램을 깔지 않아도 PDF, 워드, 엑셀, 마이크로소프트 오피스, 한글 문서를 모두 볼 수 있어 데이터 사용량도 줄일 수 있다. 다양한 PPT 애니메이션도 지원 되기 때문에 프로젝터 등과 연결할 수도 있다. PT를 위해 형광펜이나 레이저포인터 효과 같은 것을 사용할 수 있는 것도 장점이다. 동영상 플레이가 가능해서 다양한 멀티미디어와 결합된 파일도 문제없다.

PC와 연동되는 기능도 편리해서 PC에 '폴라리스 오피스 싱크Polaris Office Sync'를 설치하고 지정 폴더에다가 파일을 넣어두고 동기화하면 언제 어디서든 오케이. 그야말로 움직이는 사무실이다.

☞ PC에서 폴라리스 오피스 사용하는 방법

● 다운로드에서 실행까지

① 포털사이트에서 '폴라리스 오피스 싱크'를 검색하여 무료 다운로드를 받는다.

② 작은 창이 뜨면 회원가입을 클릭한다. 'Google+로 시작하기'를 클릭하거나 이름, 이메일, 비밀번호를 입력하여 계정 만들기를 해도 좋다.

③ 팝업창으로 다시 돌아가 가입된 이메일을 입력하여 로그인한다.

④ 동기화할 폴더를 클릭하고 '다음'을 클릭한 후 '마침'을 클릭한다.

⑤ PC에서 작업한 파일을 폴라리스 오피스 싱크 폴더에 넣어둔다. 그러면 따로 업로드하거나 옮기지 않아도 웹페이지 마이 폴라리스 드라이브My Polaris Drive나 스마트폰 앱에서 모두 확인할 수 있다.

⑥ ②번 작업 후 뜬 팝업창을 〉 방향으로 넘기면 '마이 폴라리스 드라이브'라는 화면이 나온다. '시작하기'를 클릭한 후 파란색 업로드 아이콘을 클릭하여 파일을 올린다. 그러면 웹페이지에 올린 문서를 다운받지 않고도 PC나 휴대전화에서 확인할 수 있다.

• 주요 아이콘 기능 Tip

파일을 팀원들과 공유하고 싶을 때는 파일을 오른쪽 클릭하여 폴라리스 오피스 아이콘에 마우스를 갖다 대고 나오는 목록 가운데 공유하기를 클릭한다. 그리고 공유하고 싶은 사람의 계정을 입력한다.

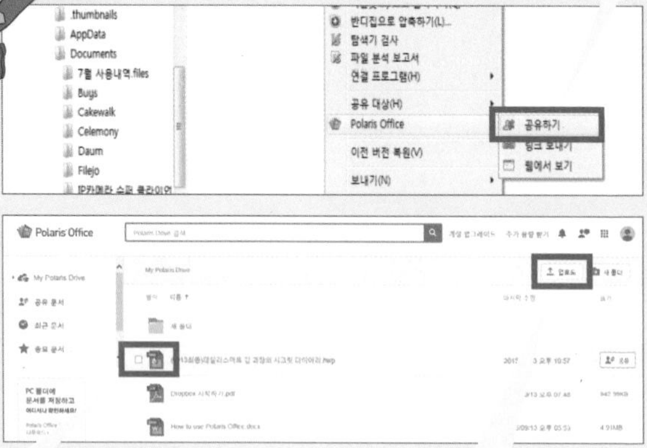

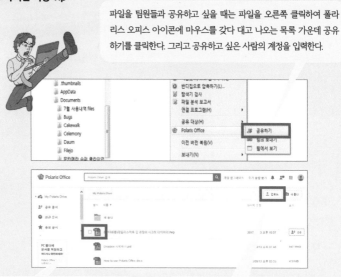

웹에서 공유하고 싶을 때는 파일목록 왼편의 ㅁ를 체크하면 생성되는 공유 아이콘을 클릭한다.

웹에서 파일을 업로드하고 싶을 때는 파란색 업로드 아이콘을 클릭하고 파일을 첨부한다.

☞ 스마트폰과의 연동

● 다운로드에서 실행까지

① Play 스토어에 폴라리스 오피스를 검색하여 앱을 다운로드하고 실행한다. 폴라리스
　오피스 싱크 회원 가입했을 때의 이메일로 로그인한다.

● 주요 아이콘 기능 Tip

상단 좌측의 ☰ 을 누르고
나오는 목록 중 My Polaris
Drive를 누르면 PC폴더에
넣어둔 문서 목록이 뜬다.

우측 상단의 🔍 를 눌러서 찾
고자하는 파일명을 입력하여
검색하면 쉽게 찾을 수 있다.

좌측 상단의 아이콘을
누르면 저장된다.

파일을 공유하고 싶을
때는 파일 목록에서 파
일 우측의 i를 누른 후
공유를 누르고 공유,
링크, 첨부파일 목록
가운데 원하는 것을 선
택한다.
공유하기를 하고 i에 정
보를 누르면 보기 가능
지정이 된 사람이 뜬다.

우측 하단의 +를 누르
면 새로운 문서를 만들
수 있다.

기존 파일을 수정
하고 싶을 때는 파
일을 열고 우측 상
단의 아이콘을 클
릭하여 편집모드
를 선택한다.

문서 작성 시, 문서에 이미지나 표,
도형, 기호를 입력할 때는 상단의
⊕를 누른다. 글꼴을 설정할 때는
🔲을 누른다. 문서를 보면서 채팅
을 하고 싶을 때는 상단의 👥을 누
른다.

Step 3

기록하고
연결하라

01

시스템이 문제냐 사람이 문제냐

우르르 쾅쾅.

며칠 전부터 쏟아지기 시작한 폭우는 그칠 줄 몰랐다. 이따금 울리는 천둥소리에 일하다 말고 하늘에 구멍이라도 났는가 싶어 괜히 창문으로 시선을 돌릴 정도였다.

"무슨 놈의 날씨가 이래."

덕규는 요즘 사사건건 화났다. 비가 와도 화났고, 햇볕이 쨍쨍 내리쬐어도 화났다. 사무실 에어컨이 빵빵하게 돌아가면 전기를 아끼지 않는 것 같아 화났고, 습한 날이면 에어컨이 왜 이 모양이냐고 화났다.

심지어 에버노트에 올라와 있는 서류를 직접 받아봐야 한다는 사실도 기분이 나빴다. 자신이 처음 일을 시작했을 때 상사에게 보고하기 위해 준비했던 몸과 마음가짐을 떠올리면 과거와 너무나 달라진 모습에 한숨이 나오곤 했다.

업무보고를 서면으로 하는 것은 시간 낭비이고, 모든 이야기는 메신저와 이메일로 가능하며, 공지사항은 알아서 사내 게시판을 들여다보는 것이 시대의 흐름이라는 것을 모르지는 않지만, 어울리지 않은 옷을 입은 듯 어색했다.

"하아! 팀장이 자료를 직접 다운 받아야 한다니 세상이 어떻게 돌아가는 건지 원."

태스크포스 팀이 만들어졌을 때 자신이 팀을 이끌 것이라고 믿었다. 스마트워크고 뭐고 간에 자신은 리더 자격이 충분하다고 자신했다. 새로운 이사쯤이야 먹물일 게 뻔하니 그저 고개를 주억거리며 비위만 맞춰주면 될 거라 짐작했다. 그러나 강윤은 만만한 상대가 아니었다.

'사장님도 요즘 송 이사, 송 이사…… 입에 아주 붙으셨단 말이지.'

덕규는 은근히 소외감을 느꼈다. 외근이 잦은 탓에 게시판 확인을 빠뜨리면 그날 꼭 중요한 공지가 떠서 자신만 낙동강 오리알이 되는 상황도 적지 않았다.

비가 온다고 잡힌 외근이 취소될 리 없었다. 폭우 속에선 우산을 써도 장대 같은 빗줄기 때문에 바지며 와이셔츠가 흠뻑 젖었다. 에어컨이 잘 돌아가는 사무실은 텅 비어 있었다.

아무도 없다는 사실에 또 화가 치밀었다. 분명 오후에 회의가 있다고 말했는데 자신이 돌아오는 시간에 아무도 없다니.

'이것들이…… 어디서 놀고 있는 거야? 누구는 이런 날씨에도 뼈 빠

지게 일하고 있는데!'

민호든 기헌이든 보이기만 하면 한바탕 야단을 치고 싶었지만 곧 회의 시간이었다. 회의는 3일 전에 공지되었지만, 오늘 오전에야 확인한 데다 외근이 잡혀 있어서 회의록을 볼 시간조차 없었다.

'에라, 모르겠다. 회의야 뭐, 그냥 들어갔다 나오면 되겠지.'

생각과 달리 마음은 불안했다. 임원들과 팀장들이 함께하는 회의였다. 혹시라도 질문에 대답을 못 하면 사장 앞에서 망신을 당할 수도 있었다. 하지만 태스크포스 팀에 대한 질문은 자신보다 먼저 강윤에게 공이 던져질 것이다.

불안한 마음을 애써 떨치며 회의실로 향했다. 일부러 허리를 펴고 배에 힘을 주었다. 으흠, 헛기침도 크게 했다.

'눈치껏, 그래…… 눈치껏 하자고. 내가 지금까지 그거 하나로 살아온 사람인데. 인간 박덕규! 그렇게 쉽게 죽지 않는다!'

그러나 회의에서 자신만 알아듣지 못하고 있다는 사실을 깨달았다. 게다가 프레젠테이션을 맡은 사람은 강윤이었다. 깎아놓은 밤톨처럼 모자람 없이 딱 할 말만 하니 회의는 일사천리로 진행되었다. 조금이라도 딴생각을 하면 벌써 다른 안건으로 넘어가기 일쑤였다.

오늘 회의 시간은 전보다 훨씬 팽팽했다. 질문도 평소와 다르게 날카로웠다. 임원들의 관심은 스마트워크 시스템을 어떻게 구축할 것인지로 쏠려 있었다.

"박 팀장은 어떻게 생각하나?"

"네? 아, 네……."

사장이 갑자기 덕규에게 물었다. 하지만 멍하니 앉아 있던 덕규는 무슨 질문인지 몰라서 눈만 깜박거렸다. 황급히 강윤을 바라보았지만 남의 일인 듯 표정 변화 하나 없었다. 야속했다.

하지만 이런 일에 기죽을 자신이 아니었다. 오히려 하고 싶은 말을 할 때가 왔다는 생각이 들었다.

"신성장 동력으로 신규 사업을 추진하는 데는 충분히 동의합니다. 시장 점유율도 떨어지고 있고요. 이 상황에서 돌파구를 찾지 못하면 앞으로 10년은 아주 어렵게 될 수 있습니다. 다행히 유기농 1인 식자재 사업이 순조롭게 진행되고 있어서 당분간은 주력 사업으로 힘을 실어야 할 것 같습니다. 하지만 새로운 사업의 기반으로 스마트워크 시스템이 정말 우리 회사에 필요한지……."

"이미 결정이 난 사항입니다. 지금은 그것에 대해 논의할 때는 아닌 것 같고요."

말을 시작하기도 전에 강윤이 허리를 잘랐다. 잠자고 있던 용암이 들끓듯 분노가 치솟았다.

'네가 감히 내 말을 끊어?'

덕규는 아까보다 훨씬 더 큰 목소리로 말했다.

"아니, 그게 우리 회사는 전통적으로……."

"됐어. 그 이야기는 그만하지."

덕규는 자신의 귀를 믿을 수 없었다. 직접 사장이 제지하고 나선 것이다. 자신도 모르게 얼굴이 붉어졌다. 회의 시간 내내 덕규는 꿔다 놓은 보릿자루처럼 앉아 있었다.

아무도 자신의 이름을 거론하지 않았고, 누구도 자신에게 질문하지 않았다. 지금까지 자신이 사장의 오른팔이었음을 믿어 의심치 않았다. 누구보다 사장 가까이에서 궂은일 가리지 않고 힘닿는 데까지 뛰어다녔다.

그런데 오늘 처음으로 사장이 자신을 외면한 것이다. 그것도 강윤이 보는 앞에서 무참히.

회의가 끝났다. 회의실을 나가던 사장이 덕규를 잠시 바라보더니 혀를 쯧쯧 찼다.

"그동안 잘해왔다고 해서 이후의 일까지 잘할 거라는 건 지나친 자신감 아닌가? 사람이 겸손해야지 말이야."

사장의 말에 덕규는 말없이 고개만 숙였다. 사장 옆에는 강윤이 있었다. 다른 임원들이 모두 회의실을 빠져 나갈 때까지 덕규는 회의실 문 앞에 서 있었다. 온몸에서 뜨거운 열기가 치솟았다.

"넌 뭐하는 놈이야!"

호통 소리에 기헌이 깜짝 놀라 자리에서 일어났다.

"내가 오늘 임원회의 있다고 말했어, 안 했어?"

기헌이 슬그머니 민호의 눈치를 보았다. 덕규의 눈에서 뿜어나오는 레이저를 보니 오늘 된통 걸렸다 싶었다. 똑바로 바라볼 수 없을 정도로 덕규는 엄청난 분노에 휩싸여 있었다. 불행히도 타깃은 기헌이었다.

"넌 뭐하는 놈이냐고 묻잖아!"

"이사님께서 에버노트에 올려놓으면 된다고 하셔서……."

"야! 윗사람 스타일 봐가면서 서포트해야지. 내가 상사로 안 보이냐?"

어느새 기헌의 옆으로 다가온 민호가 기헌 옆에 나란히 서서 묵묵히 듣고만 있었다. 이 상황에서 대꾸해 봤자 길길이 날뛰는 덕규를 잠재울 수 없었다.

"이딴 식으로 일할 거야? 회사가 놀이터야? 머리에 피도 안 마른 놈이 날로 먹으려고 해?"

"그게 아니라……."

"죄송합니다."

기헌이 무슨 말을 하기 전에 민호가 먼저 고개를 숙였다. 기헌은 깜짝 놀라 민호를 바라보았다.

"제가 챙겨드렸어야 하는데 죄송합니다."

민호가 한 번 더 고개를 숙이는 탓에 기헌도 입을 다물고 묵묵히 덕규의 쏟아지는 말을 들었다. 한참 시간이 지나도 덕규의 분노는 가라앉을 줄 몰랐다.

"무슨 일입니까?"

강윤이었다. 기헌은 자신도 모르게 번쩍 고개를 들었다. 훗날 기헌은 이때 들은 강윤의 목소리를 '신의 음성'으로 기억할 정도였다.

"신 대리가 잘못한 게 있어서 바로 잡는 중입니다."

"무슨 잘못을 했는데요?"

차분한 목소리였다. 분명 잘못은 기헌이 했건만 부하직원을 들들 볶는 현장을 잡힌 것만 같았다.

"박덕규 팀장님, 잠깐 볼까요."

강윤이 성함과 직급을 같이 부르는 일은 거의 없었다. 덕규도 그 사실을 알고 있었기에 정색하고 자신을 보는 표정에 기가 눌려버렸다. 강윤의 방으로 들어온 덕규는 기가 조금 죽긴 했지만 여전히 화를 가라앉히지 못해 얼굴이 벌겋게 달아올라 있었다.

"이사님, 제가 오늘 회의를 급하게 들어가는 바람에 준비해야 할 자료를 신 대리가 빠뜨려서 혼 좀 냈습니다. 평소에도 신 대리는……."

"자료는 이미 다 올라와 있는데 신 대리가 어쩌라는 겁니까? 회의는 이미 3일 전에 공지가 나갔죠. 자료는 모두 에버노트에 있고, 회의의 안건과 진행과정도 공유가 된 걸로 알고 있습니다. 회의 처음 해요? 박 팀장이 확인해야 할 자료를 왜 신 대리가 준비해야 하는지 이해가 안 되네요. 설명 좀 해주시겠어요?"

팩트만을 말하는 강윤의 목소리에서 아무 감정도 느껴지지 않았다. 하지만 한 마디 한 마디가 면도날보다 날카로웠다.

"이사님, 신 대리의 잘못을 지적한 것이 그렇게 잘못한 겁니까?"

"하고 싶은 이야기를 하지 말고 묻는 말에 대답하세요. 지금 내가 한 질문의 정확한 뜻은 자신의 잘못을 왜 신 대리에게 돌리냐는 겁니다."

화를 내지 않으면서도 따끔할 정도로 단호한 목소리였다. 강윤은 지금까지의 상사와는 전혀 다른 유형이었다. 어르고 달래는 것도, 화를 내는 것도 통하지 않았다.

덕규는 강윤이 온 후 지금까지 느끼지 못하던 좌절감을 종종 느꼈다. 눈에 보이는 벽이라면 온몸으로 들이받아 깨버리기라도 하련만 강윤의 주변은 보이지 않는 벽으로 단단하게 쌓여 있는 것 같았다. 그리고 그

벽은 자신 앞에서만 한없이 높아 보였다.

아무 말도 할 수 없었다. 부하직원이 보는 앞에서 상사에게 불려온 것 자체가 참담한 일이었다. 자존심 하나로 살아온 인생이었다. 말문이 막힌 덕규는 숨만 거칠게 몰아쉴 뿐이었다.

강윤은 미쳐 날뛰는 멧돼지 같던 덕규를 조용히 바라보았다. 덕규의 심정을 누구보다 충분히 이해했다. 하지만 이 야생 멧돼지를 길들이지 않으면 앞으로의 길이 더 험난할 것이라는 것도 알았다.

덕규를 길들이기 위해 마음속으로 짜둔 전략은 자신의 입장을 명확하게 깨닫게 하는 것이었다. 생각보다 기회가 일찍 온 셈이다.

"시스템을 만든 것은 이유가 있습니다. 사용하지 않는다면 둘 중 하나가 문제겠죠. 시스템이 문제거나 사람이 문제거나."

"……."

"앞으로 이런 일은 용납하지 않습니다."

현장에서 잔뼈가 굵은 덕규의 업무능력은 분명히 뛰어난 데가 있었다. 동물적인 감은 물론 인맥을 형성하고 자기 사람으로 끌어들여 끈끈한 정을 쌓는 것은 타의 추종을 불허했다. 그리고 지금까지 그 방법이 통한 것도 사실이었다. 하지만 지금은 힘을 뺄 때였다.

강윤은 사무실을 나가는 덕규의 어깨를 바라보았다. 잘못 자라난 날갯죽지는 완전히 꺾어버려야 한다. 멧돼지에게 날개는 필요 없었다. 오히려 불필요한 힘을 쓰게 하는 날개를 제거하는 것이 온전히 제대로 된 힘을 쓰도록 도와주는 길이었다.

강윤은 생각에 잠겼다. 덕규의 불필요한 힘을 빼면서도 그의 내면에

가득 찬 에너지를 모아서 일에 추진력을 붙일 수 있는 묘안이 있을 듯
했다.

　그날 저녁 퇴근하기 전까지 기헌은 유난히 말이 없었다. 퇴근 무렵 겨
우 와서 할 말이 있는 듯 민호 주변을 어슬렁거렸다.

"과장님……."

"왜?"

"……."

"싱겁긴. 어서 퇴근해. 주말에 푹 좀 쉬고."

　기헌은 끝내 아무 말도 입 밖으로 꺼내지 못하고 고개만 꾸벅 숙이
고 퇴근했다. 하지만 굳이 말로 듣지 않아도 알 것 같았다. 용암처럼 쏟
아지는 덕규의 분노를 용케 잘 버텨냈다 싶었다.

　기헌도 조금은 성장한 모습을 보인 것이다. 하지만 오늘 일을 소화하
기까지는 시간이 조금 걸릴 터였다.

02

이사님의 비밀 병기, 프로젝트 다이어리

평소처럼 출근해서 사무실 문을 여니 민호보다 먼저 출근한 사람이 있었다. 기헌이었다. 얼마 전 덕규에게 크게 당한 뒤로 기가 꺾이나 싶었지만 평소 모습 그대로였다.

"과장님, 방금 전 이사님께 연락받았는데 다음 달부터 광고 들어가요!"

"벌써?"

"현장 반응도 좋아요. 하나에서도 물량 공급을 더 해달라고 하고 우리랑은 거래가 없던 반도에서도 새로 공급라인을 만들고 싶답니다."

"선우 쪽은 어때?"

"하하하. 약 올라 죽죠. 우리가 유기농으로 치고 들어갈지 몰랐던 눈

02 이사님의 비밀 병기, 프로젝트 다이어리 ___135

치예요."

오전 내내 주문 문의 전화가 폭주하고 있었다. 덕규가 급히 현장으로 뛰어갔다. 민호도 오후에 외근 갈 예정이었다. 주력 농가를 한 번 더 방문해서 신뢰를 굳힐 예정이었다.

쉴 새 없이 울리는 전화벨 속에서도 신이 났다. 몇 달 동안 애써온 프로젝트의 결과를 온몸으로 느끼는 듯했다. 민호는 잊지 않고 투 두 리스트를 작성했다.

'기록은 기억을 지배한다.'

작은 업무라도 적어두기 시작한 후 무엇보다 업무시간이 줄어들었다. 무엇을 먼저 해야 할지 명확해졌기 때문일 것이다. 모니터에 새로 온 메일이 깜빡거렸다. 발신자는 강윤이었다.

1인 가구 유기농 식자재 프로젝트가 정상궤도에 올랐습니다. 앞으로 더 바빠지겠죠? 보완하면 좋을 부분과 그 밖에 다양한 코멘트를 들을 수 있는 자리를 이번 주 화요일이나 수요일 오후에 마련하겠습니다. 오늘 점심에 정확한 시간, 장소는 컨펌하죠. 즐겁고 신나게 한 주 시작합시다!!

"또 마라톤 회의가 시작되겠군! 김 과장, 내가 온라인보다는 오프라인이 강하니까 서포트 좀 해줘. 내가 빼먹는 회의록이나 그런 것 좀 봐주고."

덕규는 특히 마지막 문장을 힘주어 말했다. 그러면서 기헌을 보란 듯이 쳐다보았지만 기헌은 담담한 표정으로 서류를 작성할 뿐이었다. 그런 기헌도 보통은 아니었다. 속으로 피식 웃으며 민호는 덕규에게 대답했다.

"네, 알겠습니다."

"역시 김 과장밖에 없다니까."

덕규는 시원하게 민호의 어깨를 한 대 치고 외근을 나갔다. 마지못해 대답은 했지만 민호는 덕규가 여전히 스마트워크와 거리가 먼 사람이라는 것을 잘 알고 있었다.

최근 회의에서 덕규는 말이 급격하게 줄어들었다. 예전 같으면 회의를 휘어잡는 사람은 덕규였을 것이다. 하지만 회의 시간에 회의와 관련 없는 말을 일체 하지 않는 강윤의 방침 때문에 회의는 효율적으로 진행되었지만 덕규는 소외감을 느끼고 있는 것이 분명했다.

'아이고, 내 코가 석 자인데 누구를 걱정하는 거냐……'

하지만 어찌된 일인지 덕규를 그냥 보고만 있을 수도 없었다. 미운 정도 정인 모양이었다.

"다들 모였네요. 우리 팀원들은 볼 때마다 참 반가워요. 나 혼자 오버하는 건가?"

강윤이 회의실 문을 열고 들어오면서 팀원들의 눈을 맞추며 말했다. 다른 사람이 그런 말을 했다면 '입에 발린 말도 잘한다' 했을 텐데 철지난 유머나 오글거리는 말도 강윤이 하면 불편하지 않았다.

민호가 은근히 부러워하는 점이었다. 자신이 농담을 하면 주변이 썰렁해지거나 쓸데없이 진지해졌던 것이다.

"에버노트로 일정이나 업무 확인은 다 하셨을 테니, 오늘 첫 미팅에서는 제 업무방식을 따라올 수 있도록 필살기 하나를 전수하겠습니다."

강윤의 목소리가 단호하게 바뀌었다.

"만약 이게 없었다면 전 대리 때 업무력으로 지금까지 살았을 겁니다."

'이사님만의 필살기?'

귀가 번쩍 뜨이는 이야기였다. 집중하고 있는 건 민호만이 아니었다. 리틀 송강윤이 되고 싶은 욕망을 감추지 않는 기헌의 눈에서 레이저가 나오고 있었다. 회의 때마다 몸을 비스듬히 돌리고 불편한 심기를 감추지 않는 덕규도 고개를 들었다.

"저는 일기를 썼습니다."

"네? 일기요?"

기헌은 강윤을 향해 다시 물었다.

"네. 일기요. 회사 일기. 제가 붙인 이름은 프로젝트 다이어리Project diary 예요. 프로젝트를 한꺼번에 서너 개씩 진행하다 보면 하루에도 수많은 일들이 생기잖아요. 하나가 순조롭다 싶으면 다른 곳에서 예상하지 못한 일이 터지고. 사건사고를 겨우 막아놓으면 이번엔 사람들이 문제고요."

모든 변수를 생각하며 일정을 짜거나 계획을 세울 수는 없었다. 그때그때 당면한 문제를 어떻게 해결하느냐는 그 일을 맡은 사람의 능력과도 직결되는 것이었다.

유연하게 넘겼던 일도 있지만 결국 포기해야만 했던 일도 있었다. 가슴 뿌듯한 때도 있었고, 돌아서서 뼈아픈 눈물을 삼켜야 했던 때도 있었다. 직장생활 7년차인 민호의 머릿속에도 수많은 일들이 순식간에 지나갔다.

"지금까지 많은 일을 해왔기에 여러분이 지금 이 자리에 있는 거라고 생각합니다. 지나간 후에 보면 좋은 일, 나쁜 일이 따로 있는 게 아니라 오직 경험이 있을 뿐이죠. 그 경험이 현재 내 업무에 어떤 영향을 미치고 있는지, 말하자면 제대로 경험을 활용하고 있는지는 각자의 몫이겠고요."

민호는 살짝 고개를 끄덕였다. 스마트워크만 해도 처음엔 재앙이라고 생각했다. 그런데 용기를 내어 도전하고 성과를 느끼면서 지금은 행운이라는 생각이 들었다.

어떤 일이든, 그 일 자체가 문제라기보다 일어난 일을 피하지 않고 적극적으로 받아들이면 오롯이 자신의 경험으로 쌓여 내적 자산이 되는 것이다.

"저는 대리 때부터 프로젝트 다이어리를 꾸준히 썼습니다. 프로젝트에 참여하면서 일어났던 당시의 중요한 사건일지는 물론, 불쾌했거나 불만이었던 점, 즐거웠고 행복했던 일들까지 모두 적었죠. 중요한 의사결정이 있는 날은 되도록 앞뒤 상황까지 적었고, 당시의 어려운 점도 간단한 키워드로 기록했어요. 여길 보세요."

프로젝터 화면에 무언가가 나타났다.

2013.8.16

- 업무 요청과 지시가 많다 보니, 능동적으로 할 수 있는 여력이 없어 수동적으로 움직이게 됨.
- 업무 폭주로 소신껏, 적극적으로 하지 못하고 적당한 수준에서 멈추게

됨 : 계속 해야 하니까.

- 집중하기 어려움 : 매번 하나에 온전히 집중해 역량 극대화를 할 수 없음. 지시에 수동적으로 따라가며 대응하게 됨. 악순환의 반복.

"이걸 쓸 무렵, 우리 팀에 한꺼번에 일이 몰렸어요. 시간은 한정되어 있는데 해야 할 일은 많다 보니 팀원들의 능력도 사기도 점점 떨어지고 있었지요."

강윤의 말이 끝나자 화면이 바뀌었다.

해결책
직원들의 업무 피로도를 낮출 수 있는 방법!

- 항목별로 피드백을 줌 : 시장 경쟁과 규모 속에서 우리의 달성 내역 언급
- 잘해도 지적 : 얼마나 잘한 것인지에 대한 판단(월 3건 했어요. 전체 몇 건 할 수 있는데 이만큼 한 건가?)
- 시장 규모 확대를 위해 어떻게 할 것인지 중간 정리
- 실무자들 통해서 현업의 문제점을 파악(임원 아래 직원들 의견 청취) : 더 많은 정보를 가지고 문제 지적
- 임원의 역할은 각 병목지점과 허들을 파악해 그것을 극복하는 방안을 적극적 커뮤니케이션과 설득으로 해결
- 세부적으로 질문 그리고 구체적인 사례를 들며 사용자단의 경험과 문제에 대한 의견 제시하며 큰 그림의 빈틈을 후벼 판다
- 매출을 올리면 비용절감에 대해서 지적 : 경쟁사의 자료를 요청하며

상대 비교 요청

강윤이 계속 말을 이었다.

"그럭저럭 일이 진행되던 상황에서 갑자기 개발팀장이 이미 합의한 사항을 일정 내에 완료가 불가능하다고 빼버리겠다고 했죠. 최종 웹 광고 디자인 확정 시안을 상무님이 반려하는 바람에 오픈 일정이 연기되는 일도 생겼고요."

남의 일이 아니었다. 부서 간의 협력이 원활하지 않을 때 회의에서 결정한 사항인데도 나중에 번복하는 일이 있었다. 특히 성과에 대한 희망이 보이지 않거나, 실패가 감지될 때 결과에 대한 책임을 지지 않으려고 서로 떠넘기기도 했다.

화가 치밀어 오르는데 누구한테 화를 내야 할지 모르는 상황이라 더 화가 나는, 웃기지도 않는데 아주 웃기는 상황이 실제로 일어나는 것이다.

"물론 최악의 상황만 발생하는 건 아니죠. 아웃소싱하는 업체에서 생각보다 품질을 잘 관리해 줘서 기획자들이 일하기 편했다거나 하는 긍정적인 경우도 많이 있어요. 프로젝트 다이어리에는 이런 이슈들을 모두 적는 거예요. 사건이든 감정이든 일에서 생긴 일뿐만 아니라 내가 보고 듣고 생각하고 느낀 모든 것을 쏟아 붓는다고 생각하면 더 간단할 겁니다."

기헌은 강윤이 써둔 프로젝트 다이어리에 눈을 떼지 않았다. 조금만 더 보면 화면 속으로 빨려 들어갈 기세였다.

"프로젝트 다이어리는 시간이 지날수록 큰 힘을 발휘합니다. 어떤 과정을 거쳐서 문제가 해결되었는지, 프로세스 전반을 한눈에

볼 수 있으니까요."

"좀 더 보여주시면 안 되나요?"

"하하하. 내 일기 공개는 여기까지. 난 내가 아주 긍정적인 사람이라고 생각했어요. 그런데 중요한 결정을 앞두고 프로젝트 다이어리를 읽을 때마다 깨닫는 건, 사건의 해결책보다 문제점을 먼저 보고, 상대의 장점보다 단점을 먼저 눈치채며, 욕도 잘 한다는 거예요. 제 프로젝트 다이어리의 절반은 욕이에요."

강윤의 농담에 웃음이 터졌다. 가장 큰 목소리로 웃은 사람은 덕규였다. 덕분에 분위기가 한결 가벼워졌다.

"아무래도 문제 해결을 해야 하는 입장이니 그렇겠지만, 제가 써놓고도 너무한다 싶을 때가 있죠. 정기적으로 프로젝트 다이어리를 읽어보다가 부정적인 감정이 너무 많다 싶으면 그 주말에 꼭 템플스테이나 산행을 떠나요. 내 상태를 내가 알 수 없을 정도로 바쁘거나 짓눌려 있을 때 재충전하는 데도 프로젝트 다이어리는 도움이 되죠."

"일기라면 검사도 받아야 하는 겁니까?"

웃음으로 마음이 가벼워졌는지 덕규가 농담을 던졌다.

"프로젝트 다이어리는 누구에게 보여주기 위해 쓰는 게 아닙니다. 솔직하게 감정을 쏟아내면 되는 거죠. 그러니까 검사는 하지 않습니다."

"알겠습니다."

'알겠습니다'라는 말이 민호의 귀에는 '안 쓰겠습니다'라는 말로 들렸다. 고개를 슬쩍 돌리니 아닌 게 아니라 덕규는 안 써도 된다고 안심하는 표정이었다. 나중에 팀원들의 프로젝트 다이어리를 읽어볼 수 있다면 그것도 꽤 재미있을 것 같다는 생각이 들었다.

"프로젝트의 시작 시점부터 진행과정에 대한 모든 것을 날짜별로 기록해 두세요. 특별히 중요한 결정이 있었던 날은 꼭 기록하시고요. 나중에 이렇게 기록한 것을 다시 보게 될 때 엄청나게 많은 것들을 배우게 될 것입니다."

민호가 회사에 다닌 지 7년째였다. 결혼 전에는 거의 대부분 야근이었고 주말 출근도 잦았으니 아무리 적게 잡아도 2,000일 이상은 출근했을 것이다. 얼추 계산해도 프로젝트 다이어리를 2,000장은 쓸 수 있었을 것이다.

"일기를 보면서 자신에 대해서 자신의 업무 스타일에 대해서 알게 돼요. 자연스럽게 업무 내공이 커지죠. 프로젝트를 진행할 때에 어떤 것이 중요하고, 무엇을 통제하고 관리해야 하는지 쉽게 이해할 수 있습니다. 내가 이런 말까지는 안 하는 편인데……."

강윤은 말을 멈추고 망설였다. 곧이어 확신에 찬 목소리로 이야기했다.

"이걸 제대로 하는 사람은 성장할 수밖에 없어요."

민호는 그동안 회사에서 보냈던 시간을 떠올려보았다. 20대 후반부터 30대 중반까지, 말 그대로 청춘을 이곳에 바쳤다. 그러나 이곳에서 무엇을 했고 얼마나 성장했는지 자신 있게 말할 수 있는 게 없었다.

남은 건 과장이라는 직급과 아파트 전세금 대출 빚이었다. 과장이라는 직급을 달고 있지만 과연 내가 그 직급에 맞는 업무력을 보이고 있는지 자신이 없었다.

"프로젝트 다이어리를 니중에 보면 재미있어요. 초등학교 때 쓴 일기장을 보면 그렇잖아요. 어렸던 나를 떠올리면 저절로 웃게 되고, 지금과는 달리 심지어 귀엽기도 하고. 그때의 어리숙함, 부족함, 순수함으로 잠시나마 돌아갈 수 있는 것처럼 프로젝트 다이어리 역시 나의 아쉬움을 발견하게 하죠. 같은 사건을 겪어도 사람마다 다르게 느낄 것이고요. 하지만 한 가지 공통점이 있다면, 과거의 경험 속에는 우리가 배울 수 있는 무언가가 반드시 있다는 겁니다."

과거의 경험에서 각자 다른 것을 배운다. 지식은 시간이 흐르면서 축적된다. 직장생활에서의 지식이 쌓이려면 당연히 경험에서 느끼고 배운 것을 복습하고 새로운 것을 배워야 한다.

학습을 위해선 자료가 필요한데, 프로젝트 다이어리만큼 훌륭한 학습 자료는 드물다는 생각이 들었다.

프로젝트 다이어리를 위한 에버노트와 아웃룩

프로젝트 다이어리를 기록할 때에는 에버노트나 아웃룩^{Outlook}의 '작업'이라는 기능이 적합하다. 에버노트를 이용해 프로젝트 다이어리를 쓸 때에는 별도의 노트북을 만들고, 각 프로젝트마다 하나의 노트로 관리하는 것이 좋다. 중요한 것은 프로젝트 진행 때마다 느꼈던 아쉬운 점, 좋은 점들을 빠짐없이 기록하고 이와 관련된 각종 참고자료(문서와 주고받은 메일 내용 등)도 복사해서 넣어두는 것이다.

이런 내용이 있어야 이후 프로젝트 다이어리를 다시 읽어볼 때 더 큰 깨달음이 있다. 아웃룩에서는 '작업'이라는 기능을 이용해 프로젝트별로 쉽게 진행 내역 등을 기록하고 관리할 수 있다.

03

직원의 업무력이 회사의 경쟁력

"1인 유기농 식자재 사업이 성공하려면 스마트워크에 익숙해져야 합니다. 유통은 속도가 생명입니다. 먼저 할 것은 모바일오피스입니다. 스마트폰이나 노트북으로 어디서든 일할 수 있는 근무형태입니다."

"사무실 밖에서도요?"

덕규가 강윤에게 물었다.

"네. 출장이나 외근 때문에 사무실 밖에서 일해야 할 때 사내 컴퓨터 네트워크에 접속하여 외부에서도 회사 업무 처리가 가능하도록 하는 겁니다. 이메일이나 전자결재는 기본이죠."

덕규는 고개를 갸웃했다. 회의에 참여할 때마다 두세 번은 고개를 갸웃거리곤 했다.

"이사님, 보안은 확실한가요? 해킹도 자주 되는데. 외부에 유출되면 큰일 나는 자료들이 회사 서버에 많이 있는 걸로 알고 있습니다."

"그래요. 보안은 중요한 부분입니다. 뿐만 아니라 회사의 업무에 대해 분석하고 다른 회사의 사례 점검과 스마트워크가 자리 잡게 되었을 때 지켜야 할 규칙과 제도도 마련해야 합니다. 회사의 경영 전략에 따라 정보통신시스템 관리자와 인사담당자들까지 모두 투입되어야 하죠. 전사 차원에서 시스템을 만든다면 할 일이 아주 많아요."

"회사 차원에서 스마트워크 시스템을 갖추는 겁니까?"

민호는 강윤의 말을 듣고 침을 꿀꺽 삼켰다. 전사 차원의 스마트워크 시스템을 갖추는 일은 업무역량을 키우기 위해 개인이 스마트워크를 사용하는 것과는 차원이 다른 문제였다.

"지난 임원회의 결과입니다. 여러 분야에서 큰 변화가 있을 겁니다. 일하는 방식이 많이 달라지겠죠. 태스크포스 팀이 선봉에 서게 될 겁니다."

회의실은 갑자기 조용해졌다.

"스마트워크에 대해 각자의 생각을 들어볼까요? 박 팀장님은 어때요?"

모두의 시선이 덕규에게 향했다. 덕규가 스마트워크에 대해 어떤 생각을 가지고 있는지 민호는 잘 알고 있었기에 초조해졌다. 덕규는 강윤의 질문에 비장한 어조로 말을 꺼냈다.

"임원회의에서 이미 결정된 사항이니 회사에서도 적극적으로 지원하겠지요. 다만……."

덕규가 조심스러워하는 눈치를 보이자 강윤은 그를 독려했다.

"계속 말해 보세요. 이번 프로젝트의 성공을 위해서라도 스마트워크의 목표와 방법에 대한 합의가 이루어져야 합니다. 그래야 일에 탄력을 받을 수 있으니까요."

"네, 이사님이 그렇게 말씀하시니 처음으로 솔직하게 말씀드리겠습니다. 사실 스마트워크 시스템을 통한 업무 때문에 팀원 간에 서로 배울 수 있는 게 무너질 수도 있다고 생각합니다. 서류를 준비하고 보고하면서 인간적인 상호소통도 하고 더 가까워집니다. 팀원이라면 한 식구처럼 지내야 하는데, 그럴 수 있는 기회가 줄어들고 있습니다. 스마트워크를 하더라도 함께 만나야 한다고 생각합니다. 시너지 효과는 실제로 만났을 때 일어나니까요."

"맞아요. 박 팀장님. 중요한 지적이에요."

의외로 선선하게 강윤이 덕규를 지지했다. 민호나 지헌보다 더 놀란 사람은 덕규였다.

"그래서 스마트워크에 적합한 일과 그렇지 않은 일을 검토하는 게 중요합니다. 부서별로 이것을 파악하는 게 중요해요. 우선적으로 도입해야 할 부서와 당장의 도입은 아닐지라도 업무 프로세스를 바꿔나가면서 나중에 도입이 가능한 부서를 골라내야겠지요."

힘을 얻은 덕규가 목소리에 힘을 주며 말했다.

"신 대리처럼 회사에 들어온 지 얼마 안 된 직원들은 바로 옆에 관리자가 있는 것이 훨씬 빠르게 일을 배울 수 있다고 생각합니다. 업무 계획을 세우고 준비하는 걸 처음부터 끝까지 혼자서 진행한다는 건 무리가 있지 않을까 우려됩니다. 개인이 아닌 팀만이 해결할 수 있는 게 분명히 있으니까요."

"신 대리는 스마트워크 시스템이 자리 잡으면 업무능력이 훨씬 향상될 거라고 믿어요. 그렇지만 박 팀장이 핵심을 잘 짚어준 것 같아요."

덕규는 오늘 강윤이 왜 이러는가 싶었다. 자신한테 질문이 떨어질 때만해도 피 튀기는 설전까지는 아니더라도 고군분투할 것이라고 생각했다.

솔직히 자신은 아직 스마트워크에 대해 반신반의하고 있었다. 자신이해온 방식으로도 얼마든지 통할 수 있다고 믿었기 때문이다.

"스마트워크 시스템을 구축할 때 관리자의 업무에 새로운 프로세스를 개발하고 이를 활용하는 능력을 갖춰야 한다는 건 중요하거든요. 박팀장이나 김 과장이 속한 팀들이 역량을 갖추게 될 겁니다. 이건 회사의 경쟁력과도 직결되죠."

강윤의 말을 듣고 덕규는 혼란스러웠다. 지난번 강윤에게 불려가 한소리를 들은 이후로 조금 기가 꺾이기도 했지만, 그 정도로 완전히 기죽을 덕규도 아니었다.

조만간 사장을 찾아가 허심탄회하게 속을 털어놓을 각오까지 하고있었다. 그러나 오늘 강윤의 태도는 뜻밖이었다. 어리둥절한 표정으로고개를 갸웃거리는 덕규를 보다가 강윤이 다시 입을 열었다.

"이동 중에도 시간 활용을 잘하게 되고, 고객과 만날 수 있는 시간이늘어나니 박 팀장의 고객들도 분명히 만족도가 높아질 거라고 확신합니다."

'만족도가 높아진다'는 말에 덕규의 표정이 변했다. 강윤은 굳히기에 들어갔다.

"이렇게 한번 생각해 볼까요. 오프라인을 기반으로 한 온라인 활동이라고요. 그럼 거리감이 좀 줄어들려나? 참, 1990년대에 PC통신 했어요? 파란색 화면 뜨고, 모뎀에……."

"아, 뭔지는 아는데 안 했습니다. 오프라인 모임에 나갔는데 상대방을 아이디로 부르더라고요. 전 그때 딱 접었습니다. 숭가숭가 님, 듀스걸 님. 이러고 있던데요."

"박 팀장 아이디는 뭐였는데요?"

"박덕규요."

"아이디가 뭐냐니까요? 이름 말고."

"박덕규라니까요."

회의실 안에 잠시 정적이 흘렀다. 민호는 웃지 않기 위해 혀를 깨물어야 했다. 그러나 금방 시원한 웃음소리가 터져 나왔다. 강윤이었다.

"하하하. 본명을 아이디로 썼나 보네요? 김 과장은 PC통신 했어요?"

"대학교 신입생 때 좀 했습니다."

"신 대리는 뭔지 잘 모르죠?"

"네, 전 실제로 사용해 본 적은 없고 드라마에서만 봤습니다."

"같은 동호회에서 취미를 공유하던 사람들이 온라인에서 활동하다가 오프라인에서 실제로 만나 서로 알게 되면, 무슨 취향을 갖고 있는지 이미 알고 있어서 이야기가 훨씬 깊고 빨리 진행되죠. 실제로 만나야 생기는 팀워크가 있고요. 등산 동호회 활동을 온라인에서만 하는 건 의미 없잖아요. 이 말을 하는 이유는 스마트워크가 무조건 혁신만

외치면서 기존의 일하는 방식을 모두 폐기처분한다는 뜻이 아니라는 거예요."

강윤이 의미심장한 얼굴로 웃었다.

"스마트하게 일하면서 즐겁게 회사생활을 해보자고요."

"네, 알겠습니다. 이사님, 그러면 즐거운 회사생활을 위해 회식 한번 하면서 파이팅 하는 자리 가졌으면 합니다."

"오늘 박 팀장, 정곡을 찌르는 말을 너무 많이 하는데요? 아예 지금 회식 날짜를 정할까요?"

덕규의 입가에 저절로 미소가 번졌다.

"각자 일정이 있을 테니까 확인부터 할까요? 구글캘린더 보시고 확인 부탁해요."

회식 이야기가 나오고 난 후부터 덕규의 눈이 유난히 반짝거렸다. 오늘 회의 중 그의 집중력이 가장 높아진 순간이 아닌가 싶었다. 목소리가 저절로 커졌다.

"전 오늘이라도 좋습니다. 김 과장과 신 대리도 별일 없지? 있어도 비워. 첫 회식인데. 이사님은 어떠십니까? 이런 건 빨리빨리 정하는 게 좋습니다."

모처럼 분위기가 화기애애했다. 덕규도 어느 때보다 적극적으로 참여했다.

"회식이 좋아도 회의는 마무리해야죠? 신 대리와 김 과장은 스마트 워크에 대해 어떻게 생각하는지 궁금하네요."

민호는 기헌을 바라보았다. 기헌은 고개를 숙이고 자신이 말할 내용을 준비하는 듯했다. 민호가 먼저 입을 열었다.

"사실 왜 진작 배우지 않았나, 후회할 정도입니다. 하지만 개인 업무에만 스마트워크를 사용하는 것이 아니라 회사 전체에 시스템을 구축해야 하는데, 수도를 사용하는 사람과 수도관을 설치하는 사람이 천지차이인 것처럼, 쓰는 것과 만드는 것은 전혀 다른 문제라고 생각합니다."

"굿 포인트! 우리 회사뿐만 아니라 다른 회사에서도 스마트워크를 도입하고자 하지만 쉽지 않아요. 기존에 잔뼈가 굵은 사람들은 시스템의 필요성을 느끼지 못하고 있고, 잘 배우기도 어렵죠. 여러분이 회사에서 선구자 역할을 한다는 마음으로 열성적으로 임해주면 좋겠어요. 신 대리는 어때요?"

"스마트워크 시스템이 회사에 획기적인 변화를 가져올 것이라고 확신합니다. T사와 N사도 3년 전부터 스마트워크 시스템을 도입한 후 시장 경쟁력은 물론 직원들의 업무만족도도 그 전보다 높아졌다는 신문 기사를 본 적 있습니다. 일처리가 빠르고 편해졌기 때문일 테죠. 배우는 과정은 힘들 수 있지만 결과는 놀라울 겁니다. 대외적인 이미지를 고려해 봐도 마찬가지입니다. 시스템이 자리 잡은 업무방식은 회사를 훨씬 더 발전되어 보이게 할 겁니다."

기헌이 진지하게 말했다. 강윤도 고개를 끄덕였다.

"예전에도 말한 적 있지만 스마트워크는 단지 기기나 프로그램을 이용하는 게 아닙니다. 일하는 과정 자체를 혁신하는 것이죠. 스마트하게 일하세요. 결과가 과정을 충분히 보상할 겁니다."

할 말을 충분히 했는데도 회의는 1시간을 넘지 않았다. 자료를 미리 읽어와야 하는 페이퍼리스 미팅이 자리를 잡은 덕분이었다.

"오늘은 여기까지 합시다. 회식 날짜와 장소 정하는 건 신 대리가 맡기로 하고. 각자 지금 하고 있는 일에 대한 진행 보고서는 오늘 오후 4시까지 에버노트에 올려주세요."

회의가 끝났다. 이제부터 진정한 태스크포스 팀 업무의 시작이었다.

04

멀리 가려면 함께 가라

"내가 술 먹고 싶어서 이러는 게 아냐. 우리가 뭉쳐야 선우를 밟을 수 있다고! 자, 목요일 밤나무집 7시 확정! 이사님한테 말씀드려. 구글캘린더에도 올리고."

덕규의 회식 추진력은 무시무시했다. 거의 5분 만에 모든 결정과 예약을 마치고 만족한 표정으로 사무실을 나갔다. 기헌은 덕규가 나가자마자 투덜거렸다.

"또 밤나무집! 팀장님 친척이 하는 데죠? 어차피 거기로 갈 거면 회식 장소는 왜 추천하래? 시간 아깝게."

"그래도 밤나무집 요리 괜찮아."

"어휴, 오리고기가 어차피 다 똑같죠 뭐."

기헌은 어린애처럼 얼굴을 찌푸렸다. 민호는 슬쩍 속으로 웃었다.

'이 녀석, 자기가 가고 싶은 와인 바가 아니라서 삐졌구먼.'

회식 자리가 어디든 상관없지만 사실 소고기를 먹고 싶었던 민호도 살짝 아쉽긴 했다. 하지만 고기다! 소고기나 오리고기나, 콩이나 팥이나.

"정말, 촌스럽게. 오리고기가 뭐예요."

기헌은 영 마음이 안 풀리는 기색이었다. 하지만 민호는 그런 기헌이 나쁘지 않았다. 포커페이스를 유지하던 예전에 비하면 사람 냄새가 나는 것 같아 오히려 좋았다.

게다가 최근 기헌은 민호에게 회사생활에서 느끼는 소소한 일들에 대해 가볍게 털어놓았다. 회식 자리가 맘에 들지 않는 것부터 덕규의 제멋대로인 기질까지. 민호를 많이 편하게 생각하는 듯했다.

"자, 건배! 태스크포스 팀 파이팅! 한 배를 탄 사람들인데 안전한 항해를 위해 파도타기 한 번 할까요?"

"역시 이사님! 분위기를 아십니다. 그럼 막내부터 시작!"

기헌은 자신의 표정을 가리기 위해 고개를 숙이고 술을 들이켰다. 민호가 옆구리를 쿡 찌르자 마지못해 고개를 들고 원샷을 했다. 기헌의 뒤를 이어 민호, 덕규, 강윤도 기세 좋게 술을 마셨다. 덕규는 잔을 머리 위에 탈탈 털었다. 태스크포스 팀이 된 후 가장 얼굴이 밝았다.

'이럴 땐 팀장님도 귀여운 구석이 있다니까.'

민호는 술잔을 받으며 덕규의 후덕한 얼굴을 바라보았다. 사람 좋아해서 칭얼대는 힘 좋은 곰 같은 느낌이랄까. 물론 가끔 야생의 본능을 잊지 않고 으르렁대는 바람에 학을 떼게 하지만 말이다.

"이사님, 제가 한 잔 드리겠습니다."

"그래요, 박 팀장. 고맙습니다. 수고 많아요."

술이 한두 잔 들어가면서 이야기도 깊어졌다. 회식문화를 끔찍히 싫어하던 기헌도 어쩐 일인지 좌중의 이야기에 귀 기울이고 있었다.

"이사님, 저희는 이렇게 가끔 회식하면서 고민도 나누고 해결책도 같이 의논하면 좋겠습니다."

"박 팀장 고마워요."

"네? 이사님? 뭐가요?"

"박 팀장이 불편한 부분을 이렇게 솔직하고 담백하게 말해 줘서요. 그렇죠?"

강윤은 덕규의 비어 있는 술잔에 술을 따라주며 기헌과 민호에게 말했다. 강윤의 말이 의외였던지 덕규의 귀가 살짝 붉어졌다.

"팀장님은 처음에는 거칠다 싶은데, 뒤끝이 없으셔서 같이 일할 때 도움 많이 주신다고 생각합니다."

민호의 말에 덕규는 알맞게 구워진 고기를 연신 앞에 앉아 있는 사람들 앞으로 밀어주었다.

"박 팀장이 보기에 김 과장이나 신 대리의 장점은 뭐라고 생각해요?"

강윤은 덕규에게 물었다. 덕규는 갑자기 받은 강윤의 질문에 말문이 막혔다.

"그러니까 장점 말이죠. 이 친구들 장점이라…… 뭐가 있을까?"

세 사람 모두 뜸을 들이는 덕규만 바라보았다. 덕규가 뭐라고 말할지 정말로 궁금했다.

"에이, 남자들끼리 칭찬은 무슨 칭찬입니까. 이 친구들 일 잘합니다. 하지만 직장인이 다 그 정도는 해야 하는 거 아닌가요."

"왠지 쑥스러워서 말을 못하는 것 같은데요. 의외로 부끄러움도 타는 남자였네요."

"아! 그건 아닙니다. 부끄럽다니요."

강윤의 농담에 소녀처럼 얼굴은 빨개져서 손사래를 치는 덕규는 오늘 회식의 마스코트였다. 덕규 입에서 칭찬이 나올 때까지 시간이 걸릴 것 같았는지 강윤은 기헌에게로 공을 넘겼다.

"신 대리는 김 과장의 장점이 뭐라고 생각해요?"

"꼼꼼한 업무와 성실한 태도, 따뜻한 성품이라고 생각합니다. 제가 처음 회사에 들어왔을 때부터 많은 도움을 받았습니다. 편견 없는 분이세요. 마음속으로 형님처럼 생각하며 의지하는 분입니다."

마치 미리 준비한 사람처럼 기헌은 청산유수처럼 말했다. 예상치 못한 기헌의 반응에 오히려 민호가 놀랐다. 덕규의 귀가 발개졌다고 놀릴 일이 아니었다.

민호의 머릿속이 복잡해졌다. 자신도 뭔가 말하긴 해야겠는데, 도무지 어떤 말을 해야 할지 앞이 하얘졌다가 까매졌다가 다시 새하얗게 변했다. 다행히 강윤이 말을 이어갔다.

"서로의 장점을 면전에서 이야기하는 게 쉬운 일은 아니죠? 손발이 오그라들기도 하고요. 우리뿐만 아니라 한국의 조직문화가 좀 그런 것 같아요. 잘하면 그냥 기본이고, 못하면 욕먹고. 칭찬은 어렵고 험담은 쉽고. 어딜 가나 마찬가지죠. 그 문화를 갑자기 내가 뒤집겠다는 것은 아니에요. 하지만 나는 우리 팀원들의 장점이 자주 눈에 보여요."

강윤의 진솔한 말에 서로의 어깨가 점점 가까워졌다.

"김 과장은 자기의 단점이 뭐라고 생각해요?"

"제 단점이요? 너무 많아서 뭐부터 말해야 할지……."

"하하하. 정확하게 뭔지 모른다는 건 단점이 없다는 거 아닌가?"

"그, 그럴 리가요."

"김 과장 단점이 궁금해서 한 질문이 아니에요. 평소에 자신을 너무 낮추는 것 같아서 해본 말이지. 나도 신 대리처럼 김 과장은 좋은 점이 아주 많은 사람이라고 생각해요. 김 과장과 함께 있으면 마음이 편해지죠. 힘을 주지 않아도 되고, 마음속에 있는 말을 스스럼없이 꺼내게 되요. 사람을 편하게 해주는 것. 이건 정말 굉장한 능력이에요. 내가 가장 갖고 싶은 점이기도 하고요. 김 과장이 부러워요."

"네? 제가요?"

민호는 깜짝 놀랐다. 자신이 보기에는 업무력도 인품도 다 갖춘 것 같은 완벽한 사람이 강윤이었다. 그런데 오히려 자신을 부러워하다니. 지금까지 살아온 35년 인생 중 가장 놀라운 일이었다.

"난 잘못을 잘 인정하지 못했어요. 주위의 기대가 크기도 했죠. 생각한 대로 일을 추진했는데 나중에 그게 잘못되었다는 사실을 알면서도 잘못을 인정하지 못해서 계속 밀어붙이다가 말아먹은 프로젝트도 제법 있어요."

"이사님이 말입니까?"

이번에는 덕규가 놀란 표정을 지었다. 실수라고는 ㅅ도 모를 것 같은 강윤에게도 그런 과거가 있었다니 상상이 되지 않았다.

"저도 일에 서툴렀던 시절이 있고, 여전히 서툰 점이 있어요. 서툰 거야 배우고 익히면 점점 익숙해지고 잘하게 되니까 큰 문제는 아닌데 문제는 패턴화가 되는 거죠. 처음 실수는 좋은 경험으로 약이 되기도 하지만 반복된 실수는 성공으로 가는 과정이 아니라 그저 부주의한 거니까요. 몇 번 큰 잘못을 저지른 후에야 알게 된 점도 많아요. 한때는 프로젝트를 진행하는 중간에 내 의견을 내가 모두 부정해 보는 연습을 엄청나게 했어요."

"이사님도 이런 고민을 하셨다니, 이것 참……."

덕규는 마치 자신이 민망한 듯 어쩔 줄 몰랐다. 그러면서 슬그머니 강윤의 빈 잔을 채워주었다. 강윤은 받은 잔을 기꺼이 마시면서 말을 이었다.

"고민이야 많죠. 난 회사에서 일을 늦게까지 하는 걸 싫어했어요. 그리고 회식도 별로 안 좋아했죠. 그래서 충성도가 낮은 거 아니냐는 비판도 많이 받았어요. 하지만 회사와 일 때문에 사는 것도 아닌데 능률을 떨어뜨려가면서 밤늦게 일하는 것을 이해할 수 없었거든요. 그리고 솔직히 회식도 썩 의미가 있다고 생각하지 않았어요. 회식 진하게 한 번 하면 직원들 사이가 좋아지는 건 사실이지만 그것도 정도껏 해야지, 이미 친한데 그냥 술 먹고 싶으니까 회식이라는 이름을 붙이는 일에는 동의하기 어려웠거든요. 그랬더니 어느새 뒤에서 나를 씹는 사람들이 늘어나 있더라고요. 그것도 아주 잘근잘근 말이죠."

"많이 속상하셨겠어요…….."

민호는 자신도 모르게 불쑥 말했다. 정말로 자신의 일인 양 속상했다.

"속상했죠. 정말 많이 속상했어요. 누구한테 하소연할 주변머리도 없었거든요. 나중에 지나고 생각해 보니 내가 일은 곧잘 했지만 스킨십이 부족하고 사람을 대하는 데는 서툰 사람이었더라고요. 덕분에 깨달은 점이 있어요. 빨리 가려면 혼자 가면 되지만, 멀리 가려면 함께 가야 한다는 점이죠. 지금 저는 여러분과 함께 가고 싶네요."

모두 말이 없었다. 하지만 불편한 침묵은 아니었다. 자신의 이야기를 허심탄회하게 꺼낸 강윤은 한 사람 한 사람 이름을 부르며 빈 잔에 술을 따라주었다.

강윤의 잔을 받으며 기헌이 가만히 고개를 끄덕였다. 뭔가 마음에 와닿는 것이 있는 듯했다. 덕규도 술잔을 비웠다. 예전 같으면 부하 직원이든 상사든 중간에 말을 끊고 화제를 마음대로 옮기고도 남았을 덕규가 이렇게 아무 말 없이 듣고만 있는 것도 흔치 않은 일이었다.

분위기가 점점 무르익어 갔다. 화제는 기헌의 취미에서부터 민호의 쌍둥이까지 이어졌다. 주문한 술도 거의 다 떨어져 갈 무렵 덕규가 갑자기 목소리를 낮추더니 은근한 목소리로 물었다.

"이사님. 여기에서 나가면 어디 갈까요? 룸이나 노래방 어떠십니까?"

강윤은 덕규의 말에 웃으며 대답했다.

"미안해요. 박 팀장. 난 노래하는 것보다 듣는 걸 좋아해요."

"아니, 이게 얼마만의 회식인데요. 노래도 하고 춤도 추면서 더 친해집니다! 술도 깨고요."

기헌이 옆에서 조용히 말했다.

"팀장님만 깨면 될 것 같은데."

민호는 웃음을 참느라 애썼지만 다행히 덕규는 못 들은 것 같았다. 잠시 대화가 끊긴 틈을 타서 민호는 프로젝트 다이어리에 대한 이야기를 꺼냈다.

"이사님, 프로젝트 다이어리 써봤더니 좋던데요."

"그래요? 어땠어요?"

"어제까지 3일째 써본 거라……."

말을 하고 나니 민망했다. 3년도 아니고 겨우 3일 쓴 주제에 시작했다고 할 수 있을는지. 하지만 꿋꿋이 말을 이었다.

"생각나는 대로 예전 프로젝트들에 대해 써봤어요. 그동안 전체적으로 어떻게 일을 해왔는지 보이는 게 있더라고요. 제가 큰 중심에 힘을 싣기보다 의외로 자잘한 문제들에 신경을 쓴다는 것도 알았고요."

"며칠 만에 벌써 그런 통찰을 얻었다니, 대단한데요."

"아……아니…… 하하하."

강윤의 칭찬에 민호는 뒤통수를 긁었다. 기헌도 자신의 경험을 이야기했다.

"저도 지금 프로젝트를 시작한 날부터 정리하면서 써봤는데 놓치고 있는 것도 보이고, 해야 할 일이 뭔지 정리도 되고 재미있어요."

"야아, 역시 우리 팀이라니까."

덕규가 싱글싱글 웃으면서 술잔을 들었다.

"팀장님도 쓰시죠?"

기헌이 묻자 막 술을 넘기던 덕규가 기침을 해댔다. 강윤이 슬쩍 덕규의 잔에 술을 따라 주었다.

"다들 시작했다니 좋네요. 프로젝트 다이어리는 특히 감정을 적는 게 중요해요. 아무도 안 보는 나만의 일기니까 마음 놓고 쓰세요. 내가 어떤 상황에서 무슨 감정을 느끼는지 아는 것도 자기 성찰에 도움이 되거든요. 공유 안 하고 자신만 볼 수 있게 에버노트에 올리는 건 꼭 습관화해 두고요. 에버노트는 웹 기반을 토대로 하는 프로그램이라 설령 혼자 쓰는 노트북이나 컴퓨터에 문제가 생겨도 자료가 날아갈 걱정은 없으니까요. 아, 드롭박스^{Dropbox}도 좋아요. 우리도 지금 드롭박스 쓰고 있잖아요. 에버노트와 드롭박스를 동기화하면 업무에 천하무적이 된 기분이 들걸요."

강윤이 따라준 술잔을 앞에 두고 잠시 생각에 잠겨 있던 덕규가 물었다.

"전 컴퓨터로 무언가를 하는 게 별로 안 맞는 것 같은데, 그냥 수첩에 써도 됩니까?"

"물론이죠. 자신이 편한 대로, 노트에 써도 되고 스마트폰에 기록해도 되요. 전 두 가지 방법을 다 쓰는데, 노트북을 들고 다닐 수 없는 상황에선 스마트폰에 간단하게 메모해 두고 에버노트에 올려두기도 하죠. 노트에 적어둔 경우에는 사진으로 찍어 올리고요."

"스마트워크가 디지털 기기나 프로그램을 잘 이용하는 거 아닙니까?"

"그것도 중요한 일부죠. 하지만 어떤 도구를 이용하든 결국에는 일을 잘하는 방법을 찾아서 배우는 게 중요해요. 스마트 기기들은 일을 신속하고 효율적으로 잘할 수 있게 돕는 도구고요. 요리할 때도 도구를 잘 이용하면 편하잖아요? 제가 스마트워크를 강조한다고 해서 무조건 디지털 도구만 쓰라는 건 아니에요. 그건 첫 번째 단계일 뿐이죠. 프로젝트 다이어리도 에버노트, 메모장, 종이 노트에 써도 괜찮아요. 어디에 쓰든 꾸준히 기록하는 게 중요한 거니까."

"요점은 꾸준히 하는 건가요?"

"꾸준히 써온 프로젝트 다이어리를 커리어를 옮겨야 하는 순간이나 중요한 프로젝트가 막혔을 때 들여다보면 예전에 안 보이던 게 보여요.

회고를 통한 성찰의 힘은 지금 일하는 방식과 그 이유를 명확히 하는데 도움이 되거든요. 말하자면 일의 본질을 기억하는 거예요. 뭐든 시간이 필요한 법이니까, 당장 잘 안 된다고 너무 실망하지 말고요."

민호는 강윤과 덕규를 흥미롭게 바라보았다. 언젠가부터 둘 사이에 감돌던 팽팽한 긴장감이 조금 사라진 것 같았다. 덕규가 프로젝트 다이어리에 대해 물어본 것만 해도 놀라운 일이었다.

강윤이 온 후 분명히 뭔가 변하고 있었다. 회사의 분위기도 그랬지만 가장 큰 변화는 자신의 내면에서 일어나고 있었다. 새로 주문한 술도 거의 떨어질 무렵 덕규는 어느새 테이블에 고개를 박고 잠이 들어 있었다. 강윤은 기헌과 한창 음악 이야기를 하는 중이었다.

"이사님, 비틀즈 좋아하시죠?"

"완전 광팬이죠. 어떻게 알았어요?"

"이사님 책상에 비틀즈 앤솔로지 꽂혀 있는 거 봤어요."

"비틀즈 동호회 시삽이었어요."

듣고만 있던 민호가 끼어들었다.

"시삽! 하하하. 진짜 오랜만에 듣는 단어네요."

"김 과장은 대학생 때 PC통신 활동 안 했어요?"

"네. 많이는 안 했습니다. 음…… 채팅으로 여자 친구를 만난 적은 있습니다."

"그때 그런 사람 많았죠. 저도……."

"이사님도요?"

"아아, 여기까지. 이건 우리 와이프한테도 비밀인 얘기라고요."

헛기침하는 강윤을 보며 민호와 기헌은 편하게 웃었다. 오늘 강윤이 한층 더 가깝게 느껴졌다. 기헌은 내친 김에 용기를 내어 솔직하게 물었다.

"이사님은 언제부터 '내가 일 좀 한다'라고 생각하셨어요?"

"하하하. 저도 처음부터 이사는 아니었으니까요."

"대학 때부터 아니 어렸을 때부터 엄청 모범생이었을 것 같아요."

"그래요? 하지만 삼수해서 들어간 대학에서 학사경고를 두 번이나 맞아 쫓겨나기 직전에 군대를 갔는 걸요."

"네? 정말요? 이사님이요?"

술이 확 깰 정도로 깜짝 놀랐다.

"군대 갔다 와서 복학 전에 한 학기 정도 여유가 있었어요. 그때 좋아하던 컴퓨터를 본격적으로 했는데, 그게 지금까지 발판이 된 거죠."

"와, 처음부터 타고난 분인 줄 알았어요."

"그런 사람은 없다고 봐요. 천재라고 해도 갈고닦지 않으면 실력이 나오지 않죠. 천재는 징그러울 정도로 꾸준히 노력할 줄 아는 사람, 집중력을 가진 사람이라고 생각해요. 그것이 바로 진짜 성실하다는 의미고요."

"하지만 성실하기만 해서는 한계를 뛰어넘기 힘들지 않을까요?"

민호는 뭔가 그 이상이 있을 것 같다는 생각이 들었다. 자신도 '성실하다'는 소리를 듣고 살아온 사람이지만 '탁월하게 일을 잘한다'는 평가는 거의 들어보지 못했기 때문이었다.

"물론이죠. 그래서 우리는 일을 열심히 하는 것을 넘어서 똑똑하게 해야 하는 것이고요. 제가 여러 번 강조하고 싶은 건 디지털 기기를 잘 이용한다고 해서 무조건 스마트워크는 아니라는 거예요. 그건 도구에 불과해요. 도구를 잘 이용하면 좋지만 도구의 노예가 되면 진정한 스마트워커가 아니죠."

"……."

"결국 가장 중요한 건 내가 왜 이 일을 하는가? 일의 본질은 무엇인가? 핵심에 대한 질문을 놓치지 않는 거라고 생각해요. 왜 일을 하는지 알면 더 잘하는 방법을 찾게 되고, 동기부여가 되면 배우기 어려운 디지털 기기나 프로그램들도 배우고 싶은 의욕이 생기잖아요. 정말 일을 잘하는 사람들은 목표를 명확히 하고 그 목표에 도달하기 위한 과정에서 만나는 어려움도 즐기는 사람들이죠."

"스마트워커로 거듭나려면 어떻게 해야 할까요?"

기헌이 진지하게 물었다. 강윤이 어떤 대답을 할지 궁금했다.

"단순하지만 두 가지를 말해 주고 싶어요. 한 가지는 새로운 도구를 사용하는 방법을 배우는 것이고 두 번째는 내가 왜 이 일을 하는지, 일의 가치와 본질을 잊지 않는 거예요. 디지털 도구에 익숙해지면 일을 효율적으로 빨리 하게 되어서 시간이 생기고 그 시간을 잘 이용하면 일의 본질을 꿰뚫는 더 큰 프레임을 보게 되지요."

대화에 점점 열기가 올랐지만 시간은 벌써 새벽 1시를 넘기고 있었다. 돌아갈 시간이었다. 갑자기 덕규가 정신을 차리고 옷매무새를 가다듬었다. 하지만 오래전에 눈은 풀려 있었다.

"이사님……."

"박 팀장 덕분에 오늘 너무 즐거운 자리였어요. 파이팅 할 수 있게 됐네. 고마워요."

"감사합니다."

모두 얼큰하게 취한 상태로 밖으로 나왔다.

"다음에 또 좋은 시간 갖자고요."

강윤이 제일 먼저 택시를 타고 떠났다. 덕규는 은근히 2차를 바라는 눈치였지만 민호도 기헌도 내일 일찍 출근해야 한다는 말을 강하게 주장하며 억지로 덕규를 택시에 밀어 넣었다.

덕규와 회식하면서 새벽 2시 이전에 끝난 건 처음이었다. 회사 회식 후 이렇게 기분 좋은 적도 거의 처음이었다.

'멀리 가려면 함께 가라.'

민호는 속으로 가만히 되뇌었다. 진심을 담은 짧은 말은 많은 이야기보다 힘이 센 법이다.

05

슈퍼 히어로, 드롭박스

"아, 추워."

몸을 아무리 웅크려도 한기가 가시지 않았다.

"여보, 이불."

손을 뻗어 이불을 잡아당기려는데 아무것도 잡히지 않았다. 떠지지 않는 눈에 억지로 힘을 줘 겨우 실눈을 뜨고 보니 이불만 없는 게 아니라 아내도 없다. 게다가 집도 아니다. 덕규는 자리에서 벌떡 일어났다.

"어라? 여긴 어디야?"

뻣뻣한 뒷목을 만지며 덕규는 인상을 찌푸렸다.

"어우, 뒷목이야. 목은 또 왜 이렇게 아파."

정신을 차리려 재킷 안주머니에서 담배를 꺼내 불을 붙였다. 기억을 되돌려보았다.

'분명히 택시를 타고 집에 왔는데…….'

어제 회식은 나쁘지 않았다. 하고 싶은 말을 다 하지 못했지만, 술 한 잔씩 하며 더 가까워진 듯했다.

'어휴, 내가 전날 상갓집에서 밤만 새지 않았어도 끝까지 가는 건데.'

너무 일찍 끝난 회식을 생각하니 새삼 아쉬웠다.

"그나저나 내가 왜 여기 있지?"

주변을 둘러보니 아파트 앞 공원 벤치였다. 기억을 더듬었다.

"그러니까 택시에서 내려 잠깐 쉬어간다고 벤치에 앉았는데……."

전화기를 보니 부재중 전화가 달랑 2통, 아내였다. 신혼 때는 안 들어오면 어디 가서 잘못된 거 아닌지 걱정하며 울고불고 밤을 새우며 수십 통씩 전화했다. 이제는 귀가 시간에 대해서는 완전히 체념하는 것이 자신의 정신건강에 도움이 된다고 확신한 것 같았다.

아이들 고등학교를 미국으로 보내고 자신도 뒷바라지를 위해 따라가겠노라고 몇 년 전부터 틈만 나면 말하는 아내의 표정이 떠오르자 덕규는 저절로 한숨이 나왔다.

자칫하면 기러기 아빠가 될 신세였다. 아이들을 생각하면 유학이든 뭐든 보내고 싶었지만 경제적 상황은 어렵고, 아내와 아이들 없이 혼자 지내야 하는 생활도 답답했다.

시계를 보니 새벽 4시였다. 한가하게 앉아서 생각에 잠겨 있을 틈이 없었다. 잠시라도 푹신한 이불에 등을 대고 눈을 붙이고 싶었다. 아내의 잔소리를 각오하며 자리에서 일어났다. 하지만 금세 신음소리가 터져 나왔다. 밤새 한 데서 구부리고 새우잠을 잔 결과였다.

"아이고, 허리야……."

등에서부터 허리까지 통증이 느껴졌다. 마흔을 넘기면서 몸이 예전 같지 않았다. 게다가 폭식과 폭음, 잦은 외근과 스트레스로 살이 많이 붙었다. 병원에서도 살을 빼고 건강을 관리하지 않으면 위험하다는 소리를 계속 듣고 있었다.

"마누라한테 잔소리 꽤나 듣게 생겼네."

하지만 언젠가부터 아내는 잔소리조차 하지 않았다. 어떨 땐 끝없이 잔소리를 듣던 시절이 그리워질 때도 있었다. 신혼 때부터 밤마다 친구를 데리고 와서 술판을 벌인 일부터 아내를 생각하면 잘못한 게 많다고 생각하지만, 이제 와서 물릴 수도 없고 어쩔 수 없었다.

'나 혼자 잘 먹고 잘 살려고 일하는 게 아니란 말이다.'

구조조정이라는 피바람 속에서 살아남기 위해 야근은 물론 주말 근무까지 마다하지 않고 회사를 위해 일한 적도 있었다. 그러나 그런 과정에서 많은 직원들이 지쳐서 스스로 사표를 썼다.

'나라고 사표를 안 쓰고 싶어서 안 쓴 게 아니라고.'

몇 번이나 사표를 쓰고 싶은 순간이 있었다. 이만한 직장 구하지 못하랴, 생각해 보기도 했다. 그러나 가족을 생각하면 아무리 힘들어도 버티고, 견디는 수밖에 없었다. 어쨌든 자신은 한 가족의 가장이었으므로.

그랬기에 더욱 마음을 다잡고 일에 매진했다. 사표를 쓰려면 쓰고, 쓰지 않으려면 회사에 충성하는 게 당연했다. 덕규가 용납할 수 없었던 인간은 결단을 내리지도 못하면서 계속 회사와 집을 시계추처럼 오가는 사람들이었다. 그러면 결국 남 탓을 하게 된다.

덕규는 팀원들을 들들 볶는 상사이긴 했지만 적어도 누군가를 탓하면서 일을 하진 않았다.

덕규는 억지로 힘을 주며 발걸음을 옮겼다. 누군가 이런 자신을 알아주길 바랐다. 하지만 덕규도 알고 있었다. 자신 앞에서는 아무 말 못해도 진짜 자신을 좋아해서 따르는 부하직원은 없다는 것을.

그래도 상관없었다. 친구 만나려고 회사에 가는 것은 아니었다. 회사는 일을 하고 돈을 벌고 자신의 능력을 보여주고 성취하는 곳이었다. 인간관계는 부수적인 것이고, 친밀한 관계 운운하는 사람들은 모두 철없는 못난이라고 생각했다.

일을 위해 가정을 희생하는 게 당연했다. 가장으로 뼈 빠지게 일하는 것만으로도 충분히 할 일을 다 하는 것이었으니까.

그러나 언젠가부터 덕규는 가족 안에서 겉돌고 있는 느낌을 받았다. 인정하고 싶지 않았지만, 현관문을 열고 들어서는 순간부터 짙은 소외감에 젖어드는 건 어쩔 수 없었다.

아이들은 일주일에 한두 번 얼굴을 볼 때도 있었고, 그나마 용돈을 달라고 할 때나 입을 열었다. 아내가 차려준 아침밥을 먹어본 지도 이미 오래전 일이었다.

아침밥은 언감생심, 밤 9시에만 들어가도 왜 이렇게 일찍 들어왔냐고 귀찮아하는 눈치였다. 그러다 보니 회사 일이 일찍 끝나도 일부러 늦게 들어가는 일이 다반사였다.

주말에 가족과 함께 외출한 일은 아이들이 어릴 때도 가뭄에 콩 나

듯이 했다. 쉬는 날 집에 있어도 눈치만 보여서 골프다, 동창회다, 밖으로 도는 일이 많았다.

'이러다 진짜……'

아내와 아이들이 미국으로 가는 날이 현실로 닥쳐올지도 몰랐다. 덕규는 자신도 모르게 몸을 부르르 떨었다. 아침 냉기에 한기가 느껴졌다.

"그런데…… 뭐가 좀 허전한데?"

갑자기 발걸음을 멈췄다. 자신의 두 손을 바라보았다.

"어라? 내 가방!"

정신이 번쩍 들었다. LTE보다 빠른 속도로 벤치로 되돌아갔다. 그러나 자신이 누웠던 자리는 텅 비어 있었다. 주변을 빙글빙글 돌며 샅샅이 찾아도 어제 회식 때까지 옆에 있던 검은 가죽 가방은 보이지 않았다.

"가만, 가만…… 침착하자. 박덕규! 기억해 봐, 기억을……"

옷도 신발도 휴대전화도 심지어 주머니 안의 담배도 그대로였다. 예전 같으면 보통 벤치에서 잘 때 가방은 베개로 이용하곤 했는데 무언가를 베고 잔 기억이 없다.

"분명히 택시를 탈 때까지만 해도 들고 있었던 것 같은데."

택시에 두고 내린 게 틀림없었다. 양심 있는 택시 기사가 연락해 오지 않는 한 찾을 방법이 없었다. 길게 한숨이 나왔다. 하도 어이가 없어서 화도 나지 않았다.

"아차! 노트북!"

노트북 안에 있는 자료들을 생각하니 그제야 화가 끓어올랐다.

"으아아아아아악!"

그야말로 나는 누구? 여긴 어디? 덕규는 멘붕 상태에 빠졌다. 참을 수 없어서 고함을 질렀다. 자신이 이런 실수를 하다니 있을 수 없는 일이었다. 평생 우산 하나 볼펜 한 자루 잃어버린 적이 없었다. 그런데 이게 무슨 일이란 말인가?

"뭐야!!!!!!! 왜 나한테 이런 일이!!!!!!"

천둥같이, 벼락같이 온힘을 다해 목청껏 소리를 질러도 왜 이런 일이 자신에게 일어났는지 대답해 줄 사람은 없었다. 캄캄한 어둠에 잠긴 아파트 공원, 고양이 한 마리가 털을 세우고 쏜살같이 지나갔을 뿐이었다.

잠을 자는 둥 마는 둥 출근하자마자 덕규는 민호부터 찾았다.

"김 과장, 내가 문제가 생겼는데."

"무슨 일이신데요?"

"아, 이거 참…… 말하기도 부끄러운데."

덕규는 평소답지 않게 머뭇거리다가 민호를 끌고 복도 구석으로 갔다.

"노트북을 잃어버렸어. 이번 프로젝트 자료가 다 있는데."

"네? 어, 어쩌다가요!"

"어제 회식 끝나고 택시에 두고 내렸나 봐."

아침부터 덕규의 얼굴이 구겨진 양은 냄비 같았던 이유가 있었다. 민호도 덕규의 말이 끝나기가 무섭게 멍해졌다. 얕은 신음소리를 토해낼 수밖에 없었다.

"백업해 두신 거 없으세요?"

"지금 컴퓨터 켜봤는데 초기 자료 말고 없어. 이걸 어떡해야 하나?"

"잠깐. 팀장님!"

"응?"

"드롭박스에 있지 않을까요? 제가 전에 팀장님 드롭박스로 우리 프로젝트 파일이 자동으로 올라갈 수 있게 해놓았는데요. 그 이후에 설정 바꾸신 거 있으세요?"

"아, 아니, 나 그런 거 아직 잘 모르잖아."

스마트폰을 켜서 드롭박스를 연 후 민호는 말을 이었다.

"휴우, 다행이다. 저랑 공유하셨던 폴더에 있는 문서는 잘 있고요. 혹시 모르니까 팀장님 혼자 쓰시는 에버노트도 열어보세요. 더 있을지도 몰라요."

덕규는 복도를 날랜 걸음으로 들어갔다. 거구의 몸을 씰룩거리면서도 날쌔게 걸어가는 덕규의 뒷모습 때문에 민호는 심각한 사태에도 불구하고 웃음이 나왔다.

덕규는 몸을 날리다시피 컴퓨터에 앉았다. 드롭박스를 열자 이번 프로젝트의 문서파일들이 고스란히 올라와 있는 게 보였다. 뒤따라온 민호가 바로 옆에서 작은 소리로 물었다.

"개인적으로 하던 작업들도 다 올라와 있어요?"

"아, 그건 노트북 바탕화면에 저장했던 것 같아."

"아쉽네요. 그건 못 살릴 것 같아요. 그래도 다행이에요. 그저께 있었던 저희 미팅 때까지의 자료는 다 있네요. 드롭박스 아니었음 정말 큰일 날 뻔했어요."

덕규는 꼴깍, 침을 삼켰다. 큰일이 어떤 건지 상상하는 것만으로도 끔찍했다.

"에버노트로 한 작업들은 드롭박스에 다 저장이 되는구나."

"연동한 덕분이죠. 한 군데만 저장하는 것보다 훨씬 활용도가 높으니까요. 어제 회식 때 이사님이 에버노트와 드롭박스를 동기화하면 업무에 천하무적이 된 기분이 들 거라더니 정말 그러네요."

"하아. 그러네. 이사님께 신세 한번 크게 졌네."

"노트북에 저장하신 것 중에서 백업하신 것도 있죠?"

덕규는 고개를 끄덕였다. 하지만 그때마다 바로 백업하는 성격이 아니어서 최근 작업한 것은 바탕화면 폴더에만 있었다.

"모두 다 살릴 수 없어도 이메일로 공유된 것, 에버노트랑 드롭박스에 저장한 건 무사하니까 오늘 오전 작업하면 원상 복구할 수 있을 거예요. 야근까진 안 해도 되겠는데요."

"그래? 며칠 야근할 각오하고 있었는데……."

덕규는 뒷머리를 긁적이며 쑥스럽다는 듯 말했다.

"그래도 노트북 잃어버린 건 안타깝네요. 팀장님 개인 아이디어를 메모한 것까지는 살릴 수 없어서……."

"아냐, 아냐. 그 정도만 해도 살겠어. 아이디어는 내가 기억하니까."

"휴우, 다행이에요. 너무 걱정 마세요. 이번 프로젝트 관련해서 팀장님께서 보셔야 하는 문서는 저희에게 다 있으니까요. 어차피 공유하고 있잖아요."

"야아, 김 과장, 언제 그렇게 스마트워크에 능숙해졌지?"

"하하하. 능숙해지긴요. 저도 덕을 많이 보고 있어서 자주 사용하니까 조금 익숙해진 것뿐이에요."

"자주 사용하니까 익숙해지더란 말이지?"

"네. 필요성을 느끼면서도 모르는 것 투성이었지만요. 모르는 건 배우는 수밖에 없잖아요. 하나씩 배우고 매일 쓰다 보니 생각만큼 어렵진 않더라고요. 시간을 투자한 만큼 업무 속도가 빨라지니까 재미도 있고요."

덕규는 새삼 민호를 새로운 눈으로 바라보았다. 성실하지만 별다른 특징이 없어서 눈에 띄는 직원은 아니라고 생각했었다. 그런데 그 성실함이 지금은 다른 어떤 것보다 큰 덕목으로 다가왔다. 차근차근 배우면서 자신이 할 일을 제대로 하는 직원만큼 회사에 든든한 존재가 또 어디 있으랴 싶었다.

민호 덕분에 덕규는 차츰 멘붕 상태에서 평소 상태로 돌아올 수 있었다. 이번 일로 덕규도 공연히 버티지 말고 스마트워크의 강점을 배운다면, 프로젝트 진행에 박차를 가할 수 있는 절호의 기회가 될 것이다.

"드롭박스가 이렇게 보물단지인지 몰랐네."

"네. 그나저나 노트북 새로 사셔야겠어요."

"그건 괜찮아. 지난번에 학교 동문회 참석했다 추첨으로 태블릿PC 받았어. 그거 써보지 뭐."

옆을 지나가던 기헌이 덕규의 말을 듣고 물었다.

"추첨으로 태블릿PC를 받으셨다고요? 뺏으신 거 아니고요?"

"야, 일루 와봐."

"워워, 아침부터 혈전은 곤란합니다."

민호는 한 손으로는 덕규를 말리고 한 손으로는 기헌을 밀어내며 말했다. 하지만 기분은 좋았다. 회식 덕분인지 친밀한 농담을 주고받을 정도로 가까워진 듯했다.

"태블릿PC는 전혀 다른 세상이에요. 한번 써보세요."

"그래, 김 과장이 도와줘. 신 대리, 너 오늘 운 좋은 줄 알아!"

말은 험했지만 덕규의 표정은 부드러웠다. 오전 내내 덕규는 자신의 업무에 집중했다. 아무것도 없는 상태에서 다시 처음부터 일해야 하는 상황은 상상만으로도 소름이 돋았다. 며칠 야근으로 끝날 일이 아니었다. 사업 전체에 엄청난 영향을 미쳤을 것이다. 책임을 지고 사표를 쓰고 말았을지도 몰랐다.

'내가 무조건 버티기만 했던 게 아닐까?'

덕규는 드롭박스와 에버노트를 번갈아 들여다보면서 생각에 잠겼다. 간단한 드롭박스가 막강한 슈퍼맨처럼 느껴졌다. 아니 자신의 어이없는 실수가 치명적인 실패로 끝나지 않고 회복으로 이어진 것을 생각하면 슈퍼맨, 배트맨, 아이언맨을 모두 합친 것보다 강력한 슈퍼히어로였다.

이번 일을 통해 덕규의 단단하게 굳어 있던 뇌에도 스마트워크가 조금씩 스며들기 시작했다. 오전 시간이 가기도 전에 문서는 거의 복구되었다.

꽁꽁 얼어붙은 냉동인간 같던 덕규의 얼굴에 슬며시 봄바람 같은 미소가 감돌았다. 비록 눈 밑에 엄청난 다크서클이 생기긴 했지만 말이다.

"박 팀장님 얼굴이 왜 그래요?"

사장단 회의를 마치고 사무실로 들어온 강윤이 덕규를 보며 물었다.

"아닙니다."

"얼굴이 반쪽이 됐네. 무슨 일이에요?"

"사실은…… 이사님 덕분에 살았습니다."

덕규는 노트북을 잃어버리고 혼비백산했던 일을 이야기했다. 강윤은 자료 복구 상황을 물어본 후 다시 평온한 표정을 되찾았다.

"그러면서 배우는 거예요. 누구나 실수하는 법이잖아요."

"이번 일 겪으면서 크게 깨달았습니다. 반성도 많이 했고요."

"그래요?"

강윤은 싱긋 웃었다. 회식 이후 팀워크가 더 좋아진 건 확실했다. 다시 기운을 차린 덕규가 평소 모드를 회복했다.

"신 대리, 다음 달 물량 수림에 주문 확실하게 넣었지?"

"요즘 엄살이 심해요. 물량이 달리네 어쩌네 중국산이라도 갖다 팔아야 하네 어쩌네……."

"중국산? 이것들이 뭐라는 거야. 누구 말아먹게 하려고 작정했나."

"그만큼 우리 게 잘 팔린다는 거죠."

"그래서 보냈어, 안 보냈어. 견적서 갖고 와 봐."

"아직 못 보냈죠. 컨펌을 해주셔야죠. 그 견적서 원본은 팀장님 노.트.북.에 있잖아요."

기헌은 노트북을 한 글자, 한 글자 끊어서 명확하게 발음했다. 겨우 참고 일에 집중하던 덕규가 자리에서 벌떡 일어났다.

"너! 일부러!!!!!!!!!!!!!!!"

"하하하. 왜 이러세요. 노.트.북.에 있다고 있는 사실 그대로 말한 건데요."

"너 이 자식, 일루 와. 내가 오늘 아주 물고를 내주마."

"저 외근 나갑니다. 이사님과 광고 현장 가요. 거기서 퇴근할게요."

기헌은 덕규에게 잡히기 전에 미꾸라지처럼 사무실을 빠져나갔다. 덕규는 씩씩대며 다시 자리에 앉았다.

"노트북, 노트북!!!!!! 신기헌, 이 자식, 으아!!!!!!!!"

덕규의 비명소리를 들으며 민호는 그저 웃기만 했다.

06

천편일률적인 문서에서 벗어나라

"신 대리, 요리 잘해요?"

"간단한 파스타 정도는 만들 수 있어요."

"이야, 파스타라니, 제법인데."

"면만 삶으면 되는데요, 뭐. 이사님은요?"

"간단한 스테이크 굽는 것 정도는 할 수 있어요."

"이야, 스테이크라니. 굉장한데요."

"고기만 구우면 되는 건데 뭐."

말을 하다 말고 웃음이 터졌다. 강윤은 사람을 편하게 해주었다. 직급으로 따지면 까마득한 기헌에게도 스스럼없이 농담을 던지고 일상적인 대화를 이어갔다.

기헌도 강윤과 함께 있을 때 어려움 없이 아이디어를 말하고 피드백을 듣곤 했다. 1인 가구 유기농 식자재 사업의 광고모델은 요리 프로그램의 인기를 타고 스타로 떠오른 셰프와 요리 블로그를 운영할 정도로 요리에 관심이 많은 아이돌 중에서 결국 전자로 낙점되었다. 신선한 유기농 이미지에 맞는 신선한 모델이 필요하다는 이유에서였다.

모델 선정까지는 순조로웠지만 이후의 진행에서 문제가 생겼다. 누가 키를 잡느냐에서 알력 다툼이 벌어진 것이다. 광고는 대외협력부의 일이었다.

하지만 전체 프로젝트를 진행하는 헤드는 태스크포스 팀이다 보니 의견 조율 과정에서 잡음이 생겼다. 누가 누구에게 보고하느냐는 문제로 묘한 신경전이 벌어지고 있었다.

광고 현장에는 태스크포스 팀에서는 기헌과 강윤이 나와 있었고 대외협력팀에서는 김 부장과 박 과장이 나와 있었다. 이사급이 직접 광고 현장에 나오는 일은 드물었지만 불필요한 소모전을 줄이기 위해서였다.

강윤이 있기 때문인지 대외협력부 김 부장이나 박 과장도 실무 진행자인 기헌에게 함부로 하지 못했다.

강윤은 사람들과 어울리며 대화를 이끌어나갔다. 손에는 스마트폰이 쥐어져 있었다. 강윤에게 스마트폰은 철저하게 업무용이었다. 그러다 보니 자연스럽게 대외협력팀 사람들도 스마트워크에 관심을 갖게 되었다. 김 부장이 흥미롭게 물었다.

"이사님, 요즘 태스크포스 팀에서 스마트워크가 대세라면서요?"

"하하하. 우리 팀의 대세요? 앞으로 전사 차원에서 공유될 겁니다."

"저희는 영 낯설어서요. 사장님도 스마트워크 얘기를 하시지만……."

"잠깐만요. 말로 하는 것보다 직접 경험해 보는 게 낫죠. 김 부장님 이메일 주소가 어떻게 되죠?"

강윤은 바로 노트북을 들고 와서 에버노트를 열었다. 휴대전화로 찍은 사진 몇 장을 올리더니 김 부장 이메일로 전송했다.

"휴대전화로 이메일 확인되시죠?"

"휴대전화로요? 제 휴대전화엔 그런 기능 없는데요."

"앱을 따로 까셔야 해요."

"앱?"

기헌이 옆에서 보기 민망할 정도였다. 김 부장이 직속 상사가 아니어서 다행이라는 생각까지 들었다. 디지털 기기에 익숙한 기헌은 직장 상사들이 왜 이렇게 좋은 것을 사람들이 이용하지 않는지 이상했다.

김 부장은 박 팀장보다 입사 선배였다. 그 역시 전형적으로 현장을 중심으로 움직이는 사람이었다. 필요한 연락은 전화로 했고 이메일을 확인하는 것조차 귀찮아했다. 김 부장에 비하면 구글과 에버노트를 쓸줄 아는 덕규는 한 수 위였다.

강윤은 김 부장의 휴대전화에 앱을 깔아주고 실행하는 법까지 차근차근 알려주었다. 간간히 농담을 섞어가면서 말한 덕분에 김 부장도 기분이 상하지 않고 유쾌하게 받아들이는 듯했다.

만약 가르치는 듯한 거만한 태도로 말했다면 스마트워크고 뭐고 김 부장은 뒤도 돌아보지 않았을 것이다. 정말 필요한 것을 배우는 것보다 자신을 어떻게 대우하느냐에 더 신경을 썼기 때문이었다.

에버노트에 올라온 자료를 휴대전화로 확인하던 김 부장이 신기하다는 듯 물었다.

"이야, 이거 외근할 때 좋겠네요."

"김 부장님도 스마트워크를 배워보세요. 간단한 것 몇 가지만 익혀도 편하실 겁니다."

"내가 나이가 있어서⋯⋯."

"하하하. 나이가 어때서요? 지금이라도 늦지 않았어요. 일에 대한 감각도 새로워지고, 일단 업무의 품질이 높아져서 시간당 생산성이 올라가요."

"그래요?"

업무 생산성이라는 말에 김 부장의 표정이 급변했다. 대외협력부의 가장 고질적인 병폐가 들이는 시간에 비해 결과가 적다는 사실이었기 때문이다. 돌아오는 길에 기헌이 물었다.

"이사님, 우리 팀이나 대외협력부가 스마트워크를 통해 업무 효율을 높이는 가장 좋은 방법은 뭘까요?"

"그야 리더의 솔선수범이죠. 일반적으로 직급이 높아질수록 연봉이 높아지잖아요. 그 이유가 뭐라고 생각하세요?"

"평사원보다 시간당 생산성이 높기 때문이겠죠."

"맞아요. 리더가 솔선수범을 통해 업무 품질을 높이면 구성원들의 시간이 줄어들고 효율적인 업무 처리가 가능하죠. 최근 IT 기술 변화가 빨라지면서 산업 전반의 변화 속도와 시장의 변화도 빨라졌잖아요. 리더가 빠른 의사결정을 하면 그만큼 회사 전체의 변화 관리와 속도가 빨라지고 글로벌 경쟁력 강화에도 도움이 되죠."

기헌은 이미 디지털 도구를 사용하는 데 익숙했다. 스마트워크의 최첨단에 서 있다고 할 수 있었다. 하지만 강윤의 일하는 방식을 보면 자신과 차원이 달랐다.

"어떻게 하면 스마트워크에 능숙할 수 있을까요?"

"첫 번째는 디지털에 익숙해져야 한다는 거죠. 컴퓨터와 웹 검색 그리고 이메일과 스마트폰은 업무에 없어서는 안 되는 도구니까요. 애지중지하는 스마트폰도 결국 새롭게 만들어진 기술이 합쳐져서 만들어진 도구잖아요. 이미 많은 혜택을 누리고 있고, 업무에도 충분히 사용할 수 있다는 걸 자꾸 경험하는 게 필요해요."

"전쟁터에 나간 군인에게 무기가 전쟁의 승패를 결정하는 중요한 요소인 만큼 디지털 도구는 직장인에게 더 빨리, 더 높은 성과를 달성하는데 도움을 준다는 건가요?"

"그렇죠. 누구보다 디지털 기기에 익숙할 테니까 장점은 신 대리도 잘 알고 있죠? 회의만 해도 그래요. 종이에 인쇄해서 대면해 보고받는 방식도 내용의 중요도에 따라 필요하지만, 때로는 이메일만으로도 업무 보고를 하고 업무지시를 할 수 있어야 해요."

"개인의 지식과 경험을 문서자산화시스템을 기반으로 회사의 시스템에 쌓아두면 집단의 지식이 커지고 그것을 이용할수록 회사의 지혜는 더욱 두터워지겠네요? 이런 변화 관리를 위해서라도 리더가 솔선수범해서 디지털 도구에 익숙해져야 하고요."

"역시 이해가 빠르네. 업무 공유를 활성화시키면 조직 내 협업을 통한 시너지가 극대화되니까요. 사원 전체가 디지털 도구를 이용해 경험과 지식을 기록하고 적극적으로 사용한다고 봐요."

기헌은 새삼 강윤의 생각에 감탄했다. 지난날의 자신을 돌아보면 부끄러웠다. 팀워크는 생각하지 않고 혼자만 잘하고 눈에 띄는 것에 집중했기 때문이었다. 회사는 개인의 것이 아니었다. 일 또한 마찬가지였다. 함께 성장하는 것이 왜 중요한지 비로소 알 수 있었다.

강윤은 스마트폰이나 컴퓨터 등을 이용해 메모할 수 있도록 해주는 서비스나 회사에서 제공하는 지식관리시스템에 자신이 경험한 모든 프로젝트에 대한 세부적인 사항들을 기록하고 있었다.

프로젝트를 진행하며 정리된 문서와 각종 회의록 그리고 중요한 의사결정 등에 대해 일기처럼 써왔다. 이렇게 기록한 데이터는 수시로 팀원들과 공유했다. 개인의 경험으로 그치지 않고 공유함으로써 집단의 지혜가 커질 수 있도록 독려했다.

강윤의 이런 모습은 알게 모르게 팀원들을 조금씩 변하게 하는 마중물이 되었다.

"두 번째는 뭔데요?"

기헌이 다시 물었다. 정말로 열심히 배우고자 하는 의지가 느껴졌다.

"문서 작성과 보고 형식의 제한에서 탈출하는 거죠. 굳이 대면해서 보고받지 않고, 이메일 내용만으로 파악해 판단하고 지시와 의사결정을 내리는 것은 조직 전체의 시간을 줄여주니까요. 그리고 실행력을 제고하는 데 절대적인 역할을 하죠. 또 문서의 양식도 정형화된 틀을 벗어나 마인드맵Mind map이나 메모를 효과적으로 할 수 있도록 해주는 다양한 디지털 문서 작성 도구를 이용하는 게 필요해요. 보고할 내용의 특성에 맞게 유연한 문서 작성 도구를 사용하는 거죠."

오랜 습관으로 굳어진 기존 보고 양식과 천편일률적인 문서 형태는 표현의 자유로움을 제약할 뿐 아니라 사고의 제한까지 가져올 수 있다.

화려한 문서 장식과 불필요한 이미지와 다이어그램을 써서 눈을 괴롭히는 것보다 명확하게 설명해야 할 핵심 내용만 명쾌한 키워드 중심으로 서술하게 하는 것이 더 편했다.

"중요한 것은 문서 자체가 아니라 문서에 담겨진 스토리예요."

"스토리요?"

"스토리는 복잡할수록 기억하기 어렵고 난해하죠. 우리가 아는 토끼와 거북이 등의 이솝우화는 간결하잖아요. 전달하고자 하는 메시지가 명확하죠. 문서와 보고 역시 그렇게 명확하고 간결한 스토리를 담아야 해요. 그러려면 스토리의 특성에 맞게 전달 방식도 자유로워야죠. 문서는 껍데기일 뿐이에요. 스토리야말로 그 안에 담겨 있는 생각이기 때문에 스토리를 제대로 표현할 수 있는 문서 양식과 보고 방식은 자유롭게 선택할 수 있어야 한다고 생각해요."

"하하하…… 이사님 파격적이십니다."

기헌도 거기까지는 아직 동의하기 어려운지 뒷머리를 긁었다. 강윤은 세 번째로 명확한 업무지시를 해야 한다는 점을 들었다.

"업무를 지시할 때 절대로 해석하게 해서는 안 돼요. 예를 들어 한 팀의 리더가 내린 지시를 팀원들이 모여서 해석하는 것은 지시가 정확하지 않았다는 반증이죠."

기헌은 속으로 감탄사를 뱉었다. 강윤에게 받은 업무가 무슨 내용인지 고민한 적은 한 번도 없었다. 강윤은 업무에 대해 전할 것이 있을 때는 말이 아닌 글로 전달했다. 지시할 내용에 대해 확인하며 필터링을 하는 효과도 있었을 것이다.

포스트잇이나 이메일 등을 통해서 업무 지시를 할 때에는 최대한 간결하게 썼다. 사실 모든 문서와 이메일은 줄일 수 있을 만큼 최대한 줄였을 때 핵심이 남는 법이다.

"말씀을 듣다 보니 디지털에 익숙해지고 디지털을 이용해 커뮤니케이션과 업무지시를 습관화하기 위해서는 그만큼 준비하고 고민해야 할 사항도 많네요."

"회사에서 일을 잘하기 위해 노력하는 건 당연하다고 생각해요. 디지털 기기를 사용하고, 업무보고 방식을 바꾸고, 기존의 생각을 변화시키는 일이 물론 쉽진 않죠. 몸에 맞지 않는 옷을 입는 것처럼 불편할 수도 있어요. 하지만 그만큼 효과가 크죠. 업무력도 극대화되고요. 특히 팀워크가 형성된 팀에선 막강한 위력을 보일 거예요."

"저도 노력해 보겠습니다."

"이야, 든든하네요. 신 대리만 믿어요."

강윤이 얼굴 가득 미소를 지었다. 칭찬을 들은 기헌은 날아갈 듯 기분이 좋았다. 혼자 부각되기 위해서 일하기보다 팀을 위해 공헌하고 싶은 마음이 들었다.

기분 좋은 바람을 타고 희망과 설렘을 품은 시간이 발자국 소리도 선명하게 다가오고 있었다. 하지만 그 속에 어두운 그림자를 품고 있다는 것을 기헌도 강윤도 아직은 알지 못했다.

🔅 드롭박스

다음 클라우드가 얼마 전 기능을 중지시켰다. 그렇다고 이메일로 파일들을 저장하는 건 용량의 한계가 크다. 그러나 하이에나처럼 '어디 공짜 온라인 외장 하드 없나' 하고 찾아다닐 필요가 없다. 드롭박스가 있으니까. 그런데 네이버에 검색해 봐도 기능이나 사용법을 설명하는 사이트나 블로그가 별로 없다.

검색에 검색을 거듭하다가 동영상 강의를 두 번 정도 듣고야 조금 뭔지 감이 오기 시작했다. 기능을 모를 때 죽어라고 블로그 검색만 할 게 아니라 동영상 강의를 찾는 것도 한 방법일 듯.

드롭박스는 2테라(1테라=1024GB)의 용량을 담는 온라인 외장하드 기능을 한다. 그래서 컴퓨터 파일을 스마트폰으로 가져다 사용하기 위해 전용 케이블을 이용할 필요도 없고 자료를 가지고 다니기 위해 usb나 외장하드를 사용할 필요가 없다. 공용폴더 기능을 가지고 있어서 멤버를 초대해서 문서를 수정하는 즉시 클라우드에 동기화되며 다른 사용자의 드롭박스 폴더에도 동기화되면서 별도의 메일을 주고받지 않아도 된다.

회사의 중요 문서나 최근 데이터는 전 팀원이 열람할 수 있고, 사용빈도는 낮더라도 저장해 두어야 할 문서들의 경우 드롭박스는 제법 쓸모 있다.

참, 드롭박스에서는 '온라인 휴지통'을 클릭하게 되면 30일 이내에는 다시 복원할 수 있다는 것을 알게 되었다. 파일을 이틀 전으로 복구시키고 싶을 때에도 이틀 전의 상태로 복구할 수 있다니, 대박이다!!!

☞ PC에서 드롭박스를 사용하는 방법

● **다운로드에서 실행까지**

① http://www.dropbox.com 사이트에 접속한다.

② 계정이 없다면 이름, 메일, 비밀번호를 입력하고 약관에 동의한 후 가입한다.

③ 설치를 위한 파일을 다운로드 받아 '바로실행'을 클릭하여 설치한다.

④ 설치가 끝나면 프로그램 로그인 팝업창이 뜬다. 다시 접속해 아이디, 패스워드를 넣고 로그인한다. 클라우드 서버에 파일을 올릴 수 있는 드롭박스 폴더로 이동하기 위해 'Dropbox 폴더 열기'를 클릭한다.

⑤ 웹페이지 상단에 '이메일 인증하기'를 클릭한 후 '마침'을 클릭한다. 로그인할 때 입력한 이메일 메일함에 접속하여 드롭박스에서 보낸 이메일을 클릭하여 '인증하기'를 클릭한다. 연결된 다음 창에서 로그인한다.

왼쪽 파일을 클릭하면 업로
드한 문서 목록이 나온다.

새로운 문서를 업로드하고 싶
을 때는 검색창 왼쪽의 아이콘을
클릭한다.

PC의 ☁ Drop box 폴더에 파일을 넣으면
웹페이지 목록에서도 확인할 수 있다.

목록에서 공유하고 싶은 파일에 마우
스를 갖다 대면 오른쪽에 공유 아이콘
이 생기고 이를 클릭한 후 아래 칸에
공유할 사람의 이메일을 입력하면 링크
된 파일을 모두 볼 수 있다.

☞ 스마트폰과의 연동

● 다운로드에서 실행까지

① Play 스토어에서 드롭박스를 검색하여 앱을 다운로드하고 실행한다. 드롭박스 회원

　가입했을 때의 이메일로 로그인한다.

② 최근 사용한 문서부터 순서대로 뜬다.

● 주요 아이콘 기능 Tip

상단의 🔍를 눌러서 찾고자 하는 파일명을 입력하여 검색하면 쉽게 찾을 수 있다.

상단의 ☰을 누르고 나오는 목록 중 사진을 누르고 '카메라 업로드'를 누르면 휴대전화 카메라 사진이 업로드된다.

문서를 공유하고 싶을 때는 오른쪽 Ⓥ를 누른 후 '이 파일에 대한 링크 보내기'를 누른다.

새 문서를 업로드하고 싶을 때는 '파일 업로드'를 누른다.

업로드한 사진을 여러 사람과 공유하고 싶을 때는 카메라 업로드 오른쪽 Ⓥ를 누른 후 '협업할 사람들 초대'를 누른다.

Step 4

데이터베이스화로
정보의 흐름을
파악하라

01

정보의 사막을 건너는 법

"뭐라고? 그게 말이 돼? 누구보고 죽으라는 거야? 이거 왜 이래. 거래 끊을 거야?"

전화를 받던 덕규의 음성이 점점 높아졌다. 이러다 거품을 뿜고 쓰러지지 않을까 염려스러웠다. 선 채로 고래고래 소리를 지르던 덕규는 전화기를 던지다시피 전화를 끊고는 아예 뒷목을 잡고 털썩 주저앉았다.

"무슨 일 있으세요?"

"선우에서 대대적인 가격 할인 행사를 한단다. 그것도 유기농으로."

"네? 물량 확보가 쉽지 않을 텐데요."

"수림 이 자식들, 우리 갖고 논 거 아냐? 몰래 뒷장사 한 것 같아. 신 대리, 견적서 좀 갖고 와봐."

기헌이 건네준 견적서를 샅샅이 훑어보던 덕규의 눈이 작아졌다.

"야! 이거 숫자가 잘못 된 거 아냐?"

"네? 이건 회계 팀에서 받은 건데요? 그럴 리가 없는데……."

"그 전에 어딜 거쳐 온 거야?"

"기획 팀이요."

민호는 서둘러 기획 팀과 회계 팀에 확인했다. 신규 사업일 경우 비용 집행에 따른 명확한 매출 예상 시뮬레이션부터 서비스 활성화에 따른 리스크가 무엇일지 예측하고 대응 방안을 마련하는 것도 큰 문제였다. 그렇기에 부서 간 혼동이 있을 경우 최종 책임을 누가 지느냐가 관건이었다. 급히 강윤에게 연락했다.

"어떻게 된 겁니까?"

"현재 보고받은 자료에 의하면 회계 팀과 경영기획 팀에서 받은 숫자가 다릅니다. 아마 두 부서 간에 의견 차이를 좁히지 못해서 충돌이 발생한 것 같습니다."

물론 정교한 데이터 검증 결과에 따라 실제로 추진하던 계획이 축소되거나 확대되는 등 처음 그림과 달라질 수도 있었다. 하지만 미묘한 차이를 무시하면 손익 구조 전체에 영향을 미칠 수 있었다.

"박 팀장님은 어떻게 된 건지 팀장들을 만나보세요. 책임 회피 못 하도록 필요하면 태스크포스 팀의 전권을 실어서 실력 행사하고 오세요. 김 과장은 당장 수립 쪽에 물량 확보 들어가고, 신 대리는 박 팀장과 같이 가서 지원해 주고."

시간이 없었다. 발주까지 2시간.

"저만 믿으십시오!"

제일 먼저 덕규가 뛰어나갔다. 기헌도 덕규를 따라 뛰었다. 덕규는 3년 전 기억이 떠올랐다. 중국에 수십억 원을 투자해서 공장을 만들었지만 막상 매출이 나지 않는 문제가 발생한 적이 있었다. 원인은 바로 정확하지 않은 데이터를 믿은 결과였다.

'실수가 있었고 사업이 성공하지 않았다'라고 정리하기에는 너무나 뼈아픈 실패였다. 법적 문제는 없었지만 바터광고나 상호 매출 교환으로 숫자를 맞춘 것이 오류였다. 그야말로 실수가 실패로 드러난 결과였던 것이다.

그 일은 단지 새로운 프로젝트가 실패로 돌아간 일로 끝나지 않았다. 대대적인 구조조정과 조직개편이 잇달았고 설왕설래의 무성한 소문 때문에 회사의 전 직원이 일에 집중하지 못했다. 어차피 업무와 상사가 바뀔 것이라는 생각 때문에 사람들은 지시를 따르지 않거나 대충 일하기도 했다.

사내 분위기도 그랬지만 협력 업체도 마찬가지였으니 업무력은 현저히 떨어질 수밖에 없었다. 사실상 두 달 동안 업무가 마비될 정도였으니 회사에 미친 타격은 엄청났다.

그때 죽도록 일한 사람이 바로 덕규였다. 정작 프로젝트의 리더였던 사람은 중국 탓만 하거나 변명하기 급급했는데 오히려 국내 사업부 영업 팀장이었던 덕규가 온몸을 던지는 것을 불사했다.

부하 직원들과 직접 스킨십을 하면서 기다리는 것은 물론 타 부서 동료를 붙잡고 설득하는 일이 매일 이어졌다. 협력 업체를 찾아가 자신보다 직급이 낮은 사람들에게 고개를 숙이는 일도 마다하지 않았다. 자신의 일이 아닌 것까지 나서서 떠맡으며 적극적으로 움직였다.

회사에서 거의 살다시피 하며 잠도 제대로 자지 못해 늘 충혈된 눈과 덥수룩한 수염 때문에 영락없이 산적 같은 모습이었지만 그때의 덕규는 누가 봐도 전장의 용사였다.

지금의 덕규도 그때처럼 활활 타오르고 있었다. 덕규는 단숨에 현장을 잡아끄는 힘이 있었다. 기획 팀과 회계 팀에서 빠져 나갈 수 없도록 조목조목 따지고 들었다.

기헌은 그 옆에서 꼼꼼히 데이터를 짚어보며 어디에서 오류가 났는지 파악했다. 조사 결과 회계 팀의 실수였다. 숫자 한 자리가 잘못 적힌 바람에 전체 물량에 큰 변동이 일어난 것이다.

유통의 묘미는 절묘한 타이밍에 있었다. 적절한 양을 적절한 시기에 어떻게 확보하고 공급할 것인가. 물량 확보도 문제였지만 지나치면 손해가 막심했다. 유통기한을 넘기면 그대로 폐기처분 되는 거나 마찬가지였다.

덕규와 기헌이 잘못된 견적서를 바로 잡느라 땀을 흘리는 동안 민호는 또다른 문제와 씨름하고 있었다. 수림 쪽에서 확보한 물건이 중국산이라는 것이다. 정보를 제공한 사람은 다름 아닌 강윤이었다.

"아직 확인된 사실은 아니지만 수림 쪽 이 대리를 찔러볼 필요는 있을 것 같아요. 분위기 보고 조금이라도 머뭇거리거나 이상한 낌새 느끼면 바로 보고해 줘요."

"알겠습니다. 그나저나 그게 사실이면 어떡하죠?"

"다른 공급처를 찾아봐야죠. 사실일 경우 타격을 입는 건 우리만이 아니니까 수림도 그냥 있지는 않을 거예요. 물귀신 작전으로 나오겠죠. 짚이는 게 하나 있긴 한데……."

강윤은 말을 아꼈다. 엎친 데 겹친 격이었다. 1인 가구 유기농 식자재 사업은 눈앞의 손익보다 이미지를 지키는 게 중요했다. 식자재는 어느 품목보다 이미지가 중요했다.

건강하고 신선한 식품을 제공한다는 이미지에 타격을 입으면 두 번 다시 회생하기가 어려웠다. 하지만 수림에서 순순히 사실을 말하지는 않을 터였다.

"일단 다녀오겠습니다."

민호는 급히 사무실을 나갔다. 강윤은 사무실에서 깊은 생각에 빠졌다. 팀원들이 현장에서 사실을 확인하는 동안 자신은 다른 경로를 통해 정보를 모으고 팩트를 재구성할 필요가 있었다.

강윤은 컴퓨터 모니터를 켰다. 검색어를 넣는 강윤의 손이 날아갈 듯 키보드 위를 지나고 있었다.

다음 날부터 선우에서 대대적인 가격 인하 정책을 펴기 시작했다. 같은 유기농 식품인데 가격에서 경쟁이 안 되니 시장 매출이 하루가 다르게 떨어졌다.

"그런데 아무래도 수상해. 선우 쪽 거래처들이 입 꾹 다물고 있단 말이야."

덕규는 감이 빨랐다. 확실히 뭔가 이상했다. 영업부에서 백전노장으로 살아온 덕규였다. 가격 인하 정책을 펼 경우 거래처가 보유하고 있는 재고물량을 확인하는 것은 필수였다.

소비자 가격이 인하된 만큼 거래처의 마진도 보상해 줘야 하기 때문이다. 선우의 가격 인하 규모를 보면 보상 금액만도 엄청날 것이다.

"중국산일 거예요."

강윤의 말에 다들 혼비백산한 얼굴이 되었다.

"이사님…… 그런 엄청난 일을…… 선우가 망하려고 작정하지 않은 이상……."

"아니. 조만간 대대적인 광고를 할 겁니다. 중국 청정지역에서 나는 유기농이라고요."

다시 한 번 입이 떡 벌어졌다.

"중국 청정지역이요?"

"중국산이라고 하면 다들 저급으로 인식하잖아요? 하지만 중국은 농산물 강국이기도 해요. 유기농을 많이 짓기도 하죠."

"그런 걸 어떻게……."

"중국 농수산품 관련 기사를 검색하다가 유튜브 동영상을 뒤졌죠. 지금까지의 선우 광고를 모두 모아서 보니 먼저 치고 나중에 이미지 메이킹을 하는 식이더라고요. 수림에서도 몇 년 전부터 중국 농장을 직영하는 일에 관심을 갖고 있었죠. 우리에게 공급하는 경로와는 달라요. 우린 백 퍼센트 국산이고, 선우 쪽엔 중국 농장에서 온 물건일 거예요. 김 과장, 오늘 수림 이 대리 페이스북 봤어요?"

"네. 하지만 별다른 건…… 아! 그러고 보니 특이한 걸 하나 올렸던데…… 헤지펀드 관련한 기사였어요. 골리앗이던가……."

"이익을 위해서라면 수단과 방법을 가리지 않는 사냥꾼들이죠. 그런데 이 대리가 난데없이 왜 그걸 올렸다고 생각해요?"

"어제 만났을 땐 선우에 대해 많이 회의적이던데…… 수림도 선우랑 거래하고 있지만 부당한 거래조건이라고 억울해하더라고요."

"선우는 곧 계승권 싸움이 표면으로 불거질 거예요. 내부에서 오래 묵은 고질병이죠. 선우유통이 뿌리이긴 하지만 선우화재, 선우전자 등 이미 사업이 다각화된 지 오래죠."

"골리앗이 선우를 노리는 건가요?"

기헌이 심각하게 물었다.

"그래요. 신 대리가 날카롭게 잘 봤어요. 지금 선우는 마지막 발악을 하고 있는 셈이에요. 중국산 유기농은 대박이 날 수도 있고, 위험할 수도 있죠. 선우가 넘어지면 가장 크게 타격을 입는 건 수림이죠. 수림 쪽에서도 선우와 우리에게 공급하는 물량의 경로를 달리 할 수밖에 없죠.

중요한 건 우리까지 거기에 넘어가선 안 된다는 거예요. 수림이야 우리도 선우처럼 저가 할인을 하길 바랄 테니까. 발주하기 전에 잘못을 바로 잡을 수 있었던 건 오히려 행운이었어요. 덕분에 사태를 처음부터 꼼꼼히 살펴볼 시간이 있었으니까."

"그럼 앞으로 어떻게 하면 좋을까요?"

"선우가 저가 공략으로 간다면 우리는 프리미엄으로 갑니다. 자신을 위해서 돈을 쓸 줄 아는 1인 세대를 공략하는 거죠. 콘셉트는 음식을 통한 힐링이고요. 2차 광고 방향은 그렇게 갈 거예요. 동시에 앞으로 푸어 1인 가구를 어떻게 끌어들일 것인지에 대한 고민도 필요하겠죠. 유기농

이 비싸기만 하다는 인식을 조금씩 줄여가는 것도 과제가 되겠네요."

"그런데 이사님, 그것을 어떻게 한 큐에 다 꿰셨어요? 중국산 유기농을 쓸 거라고 예상한 것도 신기하고요. 선우와 수림의 관계야 예측할 수 있지만 이 대리 페이스북을 보고 그렇게 연결할 수 있다니……."

"정보는 하나씩 볼 때는 의미가 없어요. 그것이 모여 데이터가 될 때 의미가 생기죠. 마치 모자이크 그림을 가까이서 보면 아무것도 아니지만 멀리서 크게 보면 형태를 알 수 있는 것처럼요. 오랫동안 정보를 찾고 모으다 보면 그 분야에 대해 특별한 감각이 생겨요. 선우와 수림에 대한 정보를 꾸준히 모아왔기에 가능한 일이었어요."

아무도 말이 없었다. 특히 덕규는 오래 침묵을 지켰다. 강윤이 일하는 방식에 진심으로 놀라움을 느꼈다. 자신에게 없는 것을 갖고 있었다. 인정하기 싫지만 인정할 수밖에 없었다.

"이번 일은 정말 다들 수고 많았어요. 특히 팀장님의 공이 큽니다."

"아……아니, 제가 뭘……."

"팀장님이 발견하지 않았다면 나중에 어떻게 됐을지, 우왕좌왕하다가 우리도 가격 할인 경쟁에 휘말렸을 수 있어요."

등골이 서늘했다. 선우의 대대적인 가격 인하에 무슨 수로 대항한단 말인가.

"한 팀이 되어 일사분란하게 움직여준 덕분입니다. 고마워요."

회의는 밤늦게 되어서야 끝났다. 하지만 이번 일을 겪은 팀원들의 가슴 속에는 단단하게 뿌리 내린 말이 있었다.

'한 팀.'

어느 때보다 가슴 묵직하게 다가오는 말이었다. 혼자서는 감당할 수 없는 일도 함께하면 가능하다는 경험은 무엇과도 바꿀 수 없을 정도로 값진 것이었다.

때로는 어려운 일도 생겼다. 막막한 순간도 있었다. 사막에 불시착한 비행사처럼, 불안과 위험을 감수해야 할 때도 있다. 지금 자신이 있는 곳이 사막이라면 생존할 방법은 한 가지였다. 사막을 건너 오아시스를 찾아 나서는 것.

오아시스를 찾아 나서는 데 스마트워크는 강력한 도구가 될 것이다.

02

원하는 정보에 따라 유튜브로 검색하기

　　선우의 가격 할인의 폭풍은 삼 개월이나 지속되었지만 그 이후 다시 제자리를 찾기 시작했다. 프리미엄 공략으로 뒷심을 발휘한 게 적중한 덕분이었다.

　　위기를 넘기자 끈끈한 전우애 같은 팀워크가 생겨났다. 누가 뭐라고 하지 않아도 자발적으로 일하고 아이디어를 냈다. 매출은 다시 순조롭게 상승곡선을 타고 있었다.

　　민호는 아침 일찍 출근하는 게 완전히 습관으로 자리 잡았다. 이른 출근의 가장 좋은 점은 강윤과 개인적인 대화를 나눌 수 있다는 점이었다. 운이 좋으면 일주일에 한두 번은 10분 정도 이야기를 들을 수 있었다. 강윤과 이야기를 나누고 나면 10분이 얼마나 위력이 센지 실감할 수 있었다.

강윤을 만나기 전까지 민호에게 10분은 있어도 그만, 없어도 그만인 시간이었다. 아니 있는지 없는지조차 모르고 버리던 시간이었다. 하루는 분명히 1분이 모여 10분이 되고 10분이 모여 한 시간이 되고, 한 시간이 모여 하루가 되었건만 민호의 시간 개념은 미세하게 쪼개지지 않은 상태였다.

　시간의 중요성을 알게 된 이후 자신의 업무력을 다시 한 번 돌아보게 되었다. 일을 잘하는 사람과 못하는 사람의 차이에 대해서도 나름대로 보는 눈이 생겼다.

　일을 잘하는 사람은 시간의 중요성을 뼛속까지 깨닫고 있는 사람이었다. 시간의 중요성을 안다는 것은 시간관리를 철저하게 할 줄 안다는 의미였고, 그것은 곧 강도 높은 일을 꾸준히 해낼 수 있는 정신력, 체력, 업무력이 골고루 있다는 뜻이었다. 일을 할 때 집중력의 문제이기도 했다.

　'시간이 없어서 일을 못한다'라는 건 핑계였다. 10시간 100시간이 주어지면 누군들 그 일을 못 하겠는가. 문제는 정해진 시간 안에 최대한의 퀄리티를 뽑아낼 줄 아는 방법을 알고 아느냐 모르냐였다.

　발등에 불이 떨어진 상태에서도 강윤이 침착한 태도로 위기를 넘기는 것을 봐왔기 때문인지도 몰랐다. 자신보다 100배는 더 많은 일을 하는 것 같았고, 업무의 강도도 훨씬 세 보였다. 양적으로도 질적으로도 차원이 달랐다. 그런데도 일에 찌든 표정을 보이는 법이 없었다.

　"이사님은 정말로 일을 사랑하시나 봐요."

　언젠가 기헌이 이런 말을 했지만 민호의 생각은 조금 달랐다. 강윤이 일을 대하는 태도를 보면 정말로 헌신적이었다. 자신의 일을 시간 안에 미리 다 해내는 것은 물론 외부 강의나 미팅, 심지어 사내 경조사까지 일일이 챙기고 신경 썼다.

괴물이 아니고서야 어떻게 그 많은 일을 다 해낸단 말인가? 민호는 새삼스레 이런 생각을 하다가 피식 웃고 말았다. 강윤에게 물어본들 답은 예측 가능한 것이었다. '스마트워크'.

강윤도 한때는 일에 파묻혀서 일 중독자처럼 산 적이 있다고 했다. 하지만 지금의 그는 누가 봐도 워커홀릭처럼 보이진 않았다. 강윤은 일을 잘하기 위해선 3년 정도, 자신의 모든 것을 쏟아 부을 절대적인 시간이 필요하다고 했다.

그러나 무조건 일에 파묻힌다고 3년 후 일을 잘하게 되는 것은 아니었다. 그것은 자신의 직장생활이 증명하고 있었다. 그토록 성실하게 일했어도 3년 후 5년 후에도 여전히 야근에 허덕이고 있으니까 말이다.

강윤은 스마트워크를 강조했지만 민호의 눈에 강윤을 스마트워커라고 부르기에는 뭔가 딱 들어맞지 않는 듯했다. 그가 자신의 일을 사랑하는 것은 분명했지만 단순하게 일을 사랑하는 사람이라기보다 부러울 정도로 행복해 보였기 때문이었다.

강윤의 방에서 음악도 아니고 강연도 아닌, 이상한 소리가 들려왔다. 호기심이 발동한 민호는 얼른 탕비실로 갔다. 모닝커피를 내밀며 무엇을 하는지 살펴볼 생각이었다. 새로운 것을 배울 수 있는 절호의 기회였다.

"이사님, 모닝커피 한 잔 어떠세요?"

"땡큐. 좋지요."

향긋한 커피 내음이 금방 방 안에 퍼졌다. 강윤은 유튜브^{Youtube} 동영상을 보고 있었다. 강윤은 종종 유익한 내용이라며 유튜브 URL을 카카오톡으로 팀원들에게 전송했다. 지난번 선우 사건도 있었고, 내친 김에 어떻게 유튜브를 활용하는지 알고 싶었다.

"이사님은 유튜브를 자주 보시는 것 같던데 어떨 때 이용하세요?"

"특정 기업이나 신제품 정보를 확인할 땐 SNS나 블로그 및 뉴스 기사를 확인하고, 일반 기업이나 제품에 대해선 유튜브로 검색하는 편이에요."

"그렇게 나눠서 보면 더 구체적인 내용을 확인할 수 있겠네요."

"목적에 따라서 다양하게 검색하면 더 많은 정보를 알 수 있어요. 특히 유튜브는 깜짝 놀랄 만큼 도움이 되요. 완전히 새로운 세상을 경험하게 되죠. 지구 반대편에 사는 사람들이 무엇을 생각하는지 어떻게 살아가는지 알게 되기도 하고, 기발한 아이디어를 보고 통찰을 얻기도 하거든요. 영화를 보는 것처럼 재미있으니 딱딱한 기사로 읽는 것보다 기억하기도 쉽고요."

"검색한 유튜브는 따로 관리하시나요?"

"검색한 내용 중 도움이 될 만한 것은 유튜브 재생 목록에 추가해서 관리해요."

강윤은 그 자리에서 바로 자신이 만들어둔 유튜브 재생 목록을 열었다. 기술, 문학, 역사, 교육, 육아, 생활, 혁신, 비즈니스 등 20개가 넘는 카테고리로 구분되어 있었다. 그리고 각 카테고리마다 수십 개가 넘는 동영상들이 저장되어 있었다.

"우와, 이걸 다 보신 거예요?"

"평소에 볼 시간이 없으니까 출근길에 스마트폰으로 보거나 집에서 쉴때 TV로 가끔 봐요. 특히 테드^{Ted}를 즐겨 봐요. 내가 잘 모르는 분야에 대해서 지적인 자극도 많이 받고, 업무와 생활의 지혜를 얻을 수 있어서 도움이 되거든요. 내가 '우물 안 개구리였구나'라는 걸 느낄 때가 많아요."

"우물 안 개구리라니요. 저에게는 거대한 바다에서 유유자적하는 흰수염고래 같으신데요."

"하하하. 커피에 칭찬까지. 진짜 오늘 아침은 굿모닝인데요."

민호는 동영상 카테고리와 그 안에 빼곡하게 들어 있는 콘텐츠들을 보면서 입이 떡 벌어졌다. 강윤은 '일의 최적화'를 신체 중 일부에 탑재

하고 태어난 사람 같았다.

하지만 민호는 알고 있었다. 저절로 그렇게 태어나는 사람은 없었다. 성실하게 시간을 투입하고 적극적으로 업무력을 기른 노력의 대가로 오늘날의 강윤이 있는 것이다.

"유튜브 동영상도 보고 난 후에 기억할 만한 것을 따로 골라 카테고리에 저장해 두세요. 데이터베이스화하면 다시 찾기도 쉽고 나중에 목록만 훑어봐도 도움이 될 거예요."

민호는 고개를 끄덕였다.

'좋았어. 나도 오늘부터 당장 유튜브를 보리라.'

강윤의 방을 나오며 주먹을 불끈 쥐었다. 생각만으로도 뇌에 자극이 되어 엔도르핀이 솟구치는 듯했다.

 유튜브의 즐겨찾기 활용

유튜브를 이용할 때에는 반드시 로그인을 하고 이용하는 것이 좋다. 로그인을 하고 유튜브를 이용하면 재생한 모든 유튜브 영상 내역이 기록되기 때문에 그동안 보았던 영상을 찾기가 수월하다. 또한 영상을 보던 중에 재생 목록에 추가함으로써 해당 영상을 다시 보고자 할 때에도 쉽게 찾아 볼 수 있다.

PC, 스마트폰, 태블릿PC 등에서 유튜브 앱을 실행한 후 로그인을 한 채로 사용하면 기기별로 유튜브 영상을 보았던 내역들이 모두 저장되기 때문에 편리하다.

03

나만의 도서관, 포켓

"으아악!"

한창 업무에 집중하느라 조용한 오후. 갑자기 외마디 비명이 들렸다. 비명의 주인공은 덕규였다. 표정이 심상치 않았다. 멈춘 모니터 화면 앞의 두 손이 남극 빙산마냥 얼어붙어 있었다.

"뭐하시던 중인데요? 뭐 날아간 거 있어요?"

"아니. 열어둔 검색창이 다 날아간 것뿐이야. 내일 회의 때 쓰려고……"

말을 끝맺지 못하고 덕규는 입을 다물어버렸다. 노트북 사건을 겪은 후 명예회복에 나설 요량으로 익숙하지도 않은 스마트워크를 해보겠다고 열심히 자료를 검색하던 중이었다.

몇 개 기사의 출처는 기억하고 있었지만, 나머지 것들은 출처는커녕 어떤 기사였는지도 기억나지 않았다.

"자료는 에버노트에 다 저장했으니까 괜찮을 거예요. 드롭박스도 있고요."

"그렇지? 백업한 게 다행이야."

그만하길 다행이다. 덕규는 가슴을 쓸어내렸다. 하지만 오후 내내 공을 들여 찾았던 자료가 날아가니 일할 맛이 나지 않았다.

"무슨 일 있어요?"

강윤이 이사실을 열고 나오며 덕규에게 말을 걸었다.

"아…… 그게…… 컴퓨터가 다운돼서 자료 중 일부가 없어졌습니다만 다시 찾으면 됩니다."

"에버노트에 웹 클리핑Web clipping 안 했어요? 거기에 들어가 있는지 확인해 봐요."

"이미 봤는데요. 한 것도 있고, 안 한 것도 있고……."

"그래서 그렇게 멍하게 있었구나. 필살기 하나 전수해 줘야겠네요. 에버노트로 웹 클리핑하는 건 어렵지 않죠?"

"네. 출퇴근길에 요긴하게 쓰고 있습니다."

"좋아요. 에버노트에서 웹 클리핑해서 모아둔 자료를 시간이 날 때 읽는 것도 좋지만, 에버노트는 그걸 목적으로 만들어진 건 아니고요. 자료들을 모아 나중에 읽기에 최적화된 프로그램이 따로 있어요. 여기 한번 봐요."

강윤은 덕규의 키보드를 두드리며 화면을 띄웠다. 포켓Pocket이라는 글자와 산뜻해 보이는 로고가 눈에 들어왔다.

"포켓?"

"맞아요. 사이트에 가입하고 나서 포켓 버튼을 설치하면 끝이에요. 관심 있는 기사가 나오면 포켓 버튼만 눌러요. 그러면 모든 자료들이 내 포켓에 들어가 있을 테니까요. 일종의 나만의 도서관을 만드는 거죠. 정보도 일관되게 모아야 의미가 있거든요."

"스마트폰에서도 볼 수 있네요."

덕규가 휴대전화로 앱을 검색하며 강윤의 이야기에 덧붙였다.

"어휴, 30분만 먼저 알았어도……."

덕규의 말을 듣고 강윤이 안타까운 표정을 지었다. 기헌도 고개를 쑥 내밀고 두 사람의 대화를 듣고 있었다. 강윤이 기헌을 보며 말했다.

"신 대리는 포켓 알고 있었지?"

"네. 하지만 이사님처럼 잘 알지는 못했습니다."

기헌은 강윤을 보며 실실대고 웃었다. 진정한 팬심이란 무엇인지 여실히 보여주고 있었다.

"포켓은 에버노트랑 연동도 되니까 연결해 두고, 하나로 여러 개의 기능을 수행하는 것이 효율적이고 안정적이에요. 사용하는 툴은 적게, 연결은 많이 해놔요. 사라질 가능성이 적고 언제 어디서나 볼 수 있으니까."

"네, 잘 활용하도록 하겠습니다."

"스마트폰으로 SNS를 보다가 필요한 기사를 발견해서 읽고 있는데 그만 봐야 할 때 긴요하게 쓰여요. 본문이 너무 길어서 다 읽기 힘들 때나 컴퓨터로 자료를 보고 있는데 갑자기 급한 전화로 인해 외출해야 할 때, 예전에 분명히 찾았던 정보인데 갑자기 필요해서 찾으려고 하니 찾기 힘들 때에도 그렇고요.

특히 저는 출장이나 외근 갈 때 스마트폰이나 아이패드로 포켓을 이용해서 그동안 모아둔 중요한 기사와 스크랩한 글들을 보는 것이 편하더라고요. 인터넷이 안 되는 상황에서 새로운 자료를 검색하기 어려울 때 보면 좋아요."

"네, 이사님. 오늘부터 열심히 써보겠습니다."

모아둔 자료를 홀라당 날리고 맥 빠져 있던 덕규는 다시 한 번 컴퓨터 화면을 들여다봤다. 끈기를 갖고 차곡차곡 자료를 쌓아두었다. 퇴근 전에는 꽤 많은 자료들을 포켓 속에 넣어두었다. 자료들을 적절하게 분류하는 일은 퇴근길 지하철 안에서도 충분히 할 수 있는 일이었다. 딩동 문자 알림음이 울렸다.

포켓 정보 모음 블로그입니다. 참고하시고, 포켓에 모아둔 정보는 팀장님의 경험과 어우러져 지식이 되고, 지혜가 될 겁니다. 자연스럽게 업무력은 커지겠죠. 하나 더 도움이 될 것 같아 리디북스에 대한 내용도 보냅니다. 내일 봅시다.

강윤은 어떤 정보를 공유하든 2~3줄의 코멘트를 덧붙였다. 아날로그든 디지털이든 일단 중요한 것은 마음을 내어 타인과 연결하고자 하는 유대감이라고 생각했다.

덕규는 강윤과 함께 일하면서 상대를 위하는 것이 진정 어떤 것인지 다시 한 번 생각했다. 자신도 메일을 보내거나 다른 사람에게 자료를 전할 때 적당한 코멘트를 담으려고 노력했다. 시간이 지날수록 팀원들과 가까워지는 느낌이 들었다.

강윤이 문자메시지에 남긴 URL을 클릭했다. 포켓과 리디북스^{Ridibooks}를 잘 사용하고 있는 사람의 블로그였다. 나중에 꼭 읽겠다고 생각하며 즐겨찾기한 웹사이트가 많았다.

하지만 시간이 지나고 나면 즐겨찾기를 한 사실조차 잊어버리는 일이 수두룩했다. 아무리 좋은 정보도 내 것이 되어야 가치가 있다. 그런 면에서 자투리 시간에 볼 수 있도록 세분화해서 카테고리로 만들어 분류해 둘 필요가 있었다.

도서관 서가에 꽂힌 많은 책들이 제대로 분류되어 있지 않다면 찾을 수 없을 것이다. 데이터가 정보가 되고, 지식으로 발전해서 지혜가 되기 위해서는 카테고리별로 묶여 있어야 한다.

포켓 안에 있는 파일을 보면서 신입사원 때를 떠올렸다. 그 무렵 취직한 친구들을 만나면 서로 늘 이렇게 말했다.

"너도 복사냐? 나도 복사다."

그때는 언제까지 복사만 해야 하나 고민하곤 했다. 하지만 자료 복사는 결코 허드렛일만은 아니었다. 복사와 서류 정리를 하며 부서의 업무를 확인할 수 있고, 업무 전반을 이해하다 보니 세부내용도 쉽게 알 수 있었다.

본격적으로 현장 영업을 하면서부터 자연스레 업무의 방향과 흐름을 보는 눈이 생겼다. 어떤 일을 하든지 일의 목표와 본질을 꿰뚫고 있으면 그 일이 복사든 서류정리든 의미가 있었다.

행위와 생각과 지식이 한데 쌓이고 어울려 지혜가 되고, 자신만의 인사이트가 되는 날까지 스마트워크는 계속될 터였다.

리디북스의 활용

전자책 앱인 리디북스를 이용하면 굳이 책을 들고 다니지 않아도 스마트폰, PC, 태블릿PC를 통해 책을 볼 수 있다. 리디북스의 강점은 어떤 디바이스에서 보고 있던 페이지를 다른 디바이스에서 이어서 볼 수 있다는 점이다. 책을 읽으면서 책갈피, 특정 부분에 형광펜과 메모 등을 할 수 있다. 이렇게 표기한 부분은 책을 읽고 난 후에 따로 일목요연하게 살펴볼 수 있어 독서의 깊이가 깊어진다. 음성으로 책 내용을 읽어주는 기능도 지원되기 때문에 운전 중에도 내용을 들을 수 있다.

04

여러 개의 기기를 하나처럼

　수요일. 평일 오후인데도 공항은 사람들로 붐볐다. 민호는 며칠 전부터 긴장된 상태였다. 그도 그럴 것이 강윤과 함께 3박4일 예정으로 미국 뉴욕 출장에 동행하게 된 것이다.

　1인 가구 유기농 식자재 사업이 성공하자 강윤은 스마트워크를 전사 차원에서 시스템화하는 데 힘을 쏟았다. 이번 뉴욕 출장은 스마트워크 시스템의 밑작업에 필요한 정보를 수집하기 위해서였다.

　또 한 가지는 내년 상반기 신규 사업을 위한 아이템을 얻기 위함이었다. 요리 붐을 타고 주방 제품과 조리 도구에 대한 관심이 폭발하고 있었다. 아이디어 상품에서부터 명품에 이르기까지 어떤 품목을 선택하면 좋을지 트렌드를 눈으로 확인하는 시간이 될 것이었다.

발권하고 탑승까지 시간이 남아 기다리는데 단체 카톡방의 메시지 알림이 떴다.

신 대리 이사님, 과장님, 잘 다녀오세요.
팀장님 여기는 저희에게 맡가쇼

카톡방 메시지를 읽던 민호가 웃음을 터뜨렸다. 덕규가 남긴 메시지 때문이었다. 자신의 휴대전화를 들여다보던 강윤도 미소를 지었다. 덕규의 오타는 시간이 지나도 바뀌지 않았다.

본인은 손가락이 두꺼워서 그렇다고 궁색한 변명을 하지만 기헌은 급한 마음을 손가락이 따라잡지 못하기 때문이라는 분석을 내놓았다. 독수리타법으로 300을 치는 덕규였지만 휴대전화 자판을 정확하게 치는 건 또다른 문제인 듯했다.

민호는 내심 이번 출장에 대한 기대가 컸다. 강윤이 어떻게 디지털 기기를 업무에 활용하는지 가까이서 지켜볼 기회였기 때문이다. 비행기가 이륙하고 인터넷을 쓰지 못하게 되자 강윤은 바로 아이패드를 꺼냈다. 모아둔 자료를 한꺼번에 몰아서 보는 듯했다.

뉴욕에 도착해서 시차적응을 하기도 전에 빡빡한 일정이 시작되었다. 새벽같이 눈을 떠서 밤늦게 호텔에 돌아온 후에도 그날 일정을 정리하고 다음 날 계획을 세우면 새벽이나 되어서야 잘 수 있었다.

하지만 민호는 어느 때보다 열심히 일했다. 업무하는 동안 순간순간이 모두 스마트워크였다. 강윤은 컴퓨터나 노트북을 켠 채 스마트폰을 사용했다. 스마트폰의 SNS, 카카오톡, 메일, 메모 등 스마트폰에서 가동되는 모든 소프트웨어들을 컴퓨터에서나 노트북에서 그대로 사용하고 있었다.

'아하! 그래서였구나!'

민호는 무릎을 탁 쳤다. 그동안의 의문이 한꺼번에 풀리는 듯했다. 강윤에게 메시지를 보내면 빛의 속도로 답이 오는 경우가 많았다. 처음엔 스마트폰으로 바로 확인하고 답을 보내는 줄 알았다. 스마트폰으로 이토록 빨리 타이핑하는 게 가능한가 싶을 정도였다.

그런데 컴퓨터로 스마트폰을 다루고 있었던 것이다. 강윤의 사무실에 있는 컴퓨터는 맥이었다. 출장 중에 갖고 온 노트북도 마찬가지였다. 그러다 보니 아이폰과 연결해서 모든 업무를 처리하고 있었다.

아이폰에 설치한 소프트웨어와 맥에 설치된 소프트웨어가 거의 유사해서 입력 등이 많은 업무는 컴퓨터를 이용하고, 컴퓨터로 처리한 문서는 아이클라우드 iCloud와 연동해서 아이폰, 태블릿PC 등을 통해 유기적으로 확인하고 있었다. 강윤이 처음 크롬을 알려줄 때가 생각났다.

'여러 개의 기기를 사용하더라도 마치 하나를 이용하는 것처럼.'

어떤 기기를 사용하느냐도 중요했지만 더 중요한 것은 여러 기기를 하나로 묶어주는 연동이었다. 연동은 시공간을 이동할 때 생기는 차이를 급속도로 좁혀주었다.

새삼 민호는 일의 방식을 새로운 관점으로 보았다. 왜 하느냐, 무엇을 하느냐, 어떻게 하느냐. 이 세 가지 화두는 앞으로 민호의 업무에 큰 영향을 미칠 것이었다.

컨퍼런스는 발 디딜 틈 없이 성황이었다. 민호는 그동안 자신이 얼마나 좁은 세계에서 살고 있었는지 실감했다. 세상은 넓고 아이디어는 많았다. 그리고 아이디어를 발전시켜 혁신적인 기술로 이끈 제품도 많았다.

"이거 사진 찍어서 바로 보내면 좋을 것 같은데? 의견 들어봐요."

민호는 가정용 에스프레소 캡슐 머신의 신제품 사진을 찍어 바로 카카오톡 단체방에 올렸다. 바로 반응들이 왔다.

> 팀장님 뒤태 좀 보여줘 봐
>
> 신 대리 하여튼 팀장님 밝히신다니까 ㅡㅡ;;
>
> 팀장님 야, 물건은 뒤태야, 뒤태!
>
> 신 대리 뒷면 콘센트 좀 보여주세요

민호는 두 사람이 요청한 대로 바로 현장에서 찍어 보냈다. 기헌과 덕규가 아니었다면 정신없이 앞면만 찍을 뻔했는데 전체적으로 골고루 보고 나니 훨씬 더 평가하기가 쉬웠다.

강윤은 어느새 제품의 작동버튼을 눌러 어떻게 움직이는지 동영상으로 찍고 있었다. 역동성과 실시간 교류에서 스마트폰을 따라갈 만한 것은 없었다.

강윤은 컨퍼런스 장소에서 굳이 일일이 민호에게 일을 시키지 않았다. 스스로 컨퍼런스 곳곳에서 스마트폰을 이용해 촬영하고 녹음해서 파일들을 고스란히 노트북에 저장했다.

한국에 있는 팀원들에게 메일과 카카오톡으로 실시간 공유가 가능하고

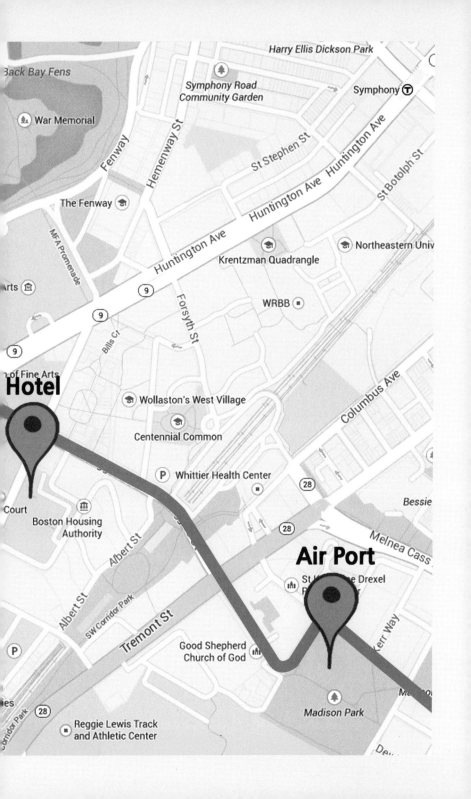

의견들을 주고받으니 시공간이 다른 곳에 있다는 사실이 무색했다.

카카오톡 그룹 대화는 컨퍼런스 현장에서도 큰 도움이 될 때가 많았다. 덕규조차 카카오톡 회의에서는 적극적으로 발언했다. 카카오톡 대화방에 가장 많은 사진과 글을 남기는 사람도 덕규였다.

일상에서 주고받는 카카오톡이 업무에서도 알차게 활용될 수 있다는 점은 스마트워크가 굉장히 화려하고 어려운 도구를 사용해야만 한다는 선입견을 깨주었다.

'아이폰의 동기화와 아이클라우드, 메모, 카메라 촬영과 실시간 업로드……' 강윤은 너무나 자연스럽게 스마트워크가 몸에 배어 있었다. 생각하고 애를 써서 하는 게 아니라 저절로 그렇게 되는 듯했다.

민호도 이메일 정리와 에버노트 쓰는 것은 완전히 몸에 익어 있었다. 해답은 따로 없었다. 그냥 매일 익숙해지도록 쓰는 것이었다.

그렇게 하게 된 데까지는 강윤의 공이 컸다. 강윤이 강제로 에버노트를 쓰게 하면서 회의록을 공유하도록 하지 않았더라면 민호는 필요를 인정하면서도 아직도 미적거리고 있을지도 모를 일이었다.

컨퍼런스가 끝난 후 저녁엔 강윤이 뉴욕의 맛집에 데려가 주었다. 옐프Yelp라는 앱을 이용해 뉴욕의 핫플레이스를 찾았기 때문에 가능했다. 사실 업무적인 것 외에 강윤의 디지털 활용력에 놀랐던 것은 우버Uber와 구글맵Google map의 사용이었다.

공항에 도착한 후 호텔로, 호텔에서 컨퍼런스 장소까지 이동할 때마다 우버라는 앱을 이용해서 택시를 자유롭게 호출했다. 특히 붐비는 컨퍼런스 장소에 도착해서도 카드로 결제하고 영수증을 받는 번거로움이 없었다. 목적지에 도착하면 바로 차량에서 내릴 수 있어서 마치 개인 기사를 둔 것 같았다.

쌍둥이를 위한 선물을 사려고 행사장 근처 백화점을 찾을 때도 구글맵은 진가를 발휘했다. 미리 구글맵에 저장한 주소로 기다리는 시간 없이 쉽고 빠르게 목적지를 찾아다닐 수 있었다. 하지만 다시 고민에 빠졌다. 어떤 선물을 사야 좋을지 선택할 수 없었다.

"이거 참, 일일이 전화해서 물어볼 수도 없고……."

"왜 물어볼 수가 없어요? 전화하면 되지."

"그게…… 설명을 어떻게 해야 할지 모르겠어요."

"하하하. 화상통화 하면 되죠. 카카오톡 쓰죠? 모바일 메신저는 물론 구글의 행아웃Hangout, 애플의 페이스타임Facetime으로도 가능해요."

카카오톡이나 라인 등 모바일 메신저는 단순히 텍스트 메시지만 주고받는 커뮤니케이션 서비스가 아니었다. 얼굴을 보며 대화할 수 있는 화상통화 기능도 제공되었다.

"우와, 이거 동영상 파일도 전송되네요?"

"그럼요. 음성과 영상이 들어간 메시지를 보내면 내용 전달은 물론 문장으로 전달하기 어려운 감정까지 전해지니까 일석이조인 셈이죠. 구글의 행아웃과 카카오톡 등을 이용하면 여러 명이 동시에 컨퍼런스 콜Conference call을 할 수 있기 때문에 직접 만나기 어려운 경우에도 유용해요."

컨퍼런스가 끝나고 민호는 혼자 귀국했다. 강윤은 다른 회의에 참가하며 사흘 후 도착할 사장을 기다릴 예정이었다. 비행기 안에서 민호는 강윤이 중요한 출장에 자신을 데리고 온 이유를 알 것 같았다.

현장에서 직접 강윤이 사용하는 스마트워크를 보니 이론으로 배우는 것보다 훨씬 더 빠르게 감을 익힐 수 있었다. 강윤은 스마트워크를 쓰는 게 아니라 스마트워크의 세상에서 살고 있었다. 물고기가 바다에서 자유롭게 살아가듯.

이번 출장에서의 경험은 민호를 엄청나게 자극했다. 불과 며칠이었지만 부쩍 성장한 기분이 들었다. 비행기가 이륙하자 노트북을 열었다. 출장기간 중에 정리한 자료들을 다시 한 번 보면서 곧 다가올 중요한 프레젠테이션을 준비했다.

민호의 입가에 미소가 감돌았다. 손끝에서부터 찌르르, 전류가 흐르는 것처럼 자신감이 흘렀다.

음성 메모의 활용

스마트폰에는 현장의 소리를 녹음해 주는 음성 녹음 앱이 있다. 이 앱을 이용하면 세미나나 회의, 인터뷰의 소리를 녹음할 수 있다. 특히 타이핑을 하기 어려운 상황에서 음성 녹음은 메모를 쉽게 할 수 있도록 해준다. 타이핑보다 훨씬 빠른 속도로 메모할 수 있다.

음성메모를 이용할 때는 에버노트의 음성 녹음 기능을 이용하면 보다 입체적으로 녹음이 가능하다. 에버노트에 텍스트로 기록하면서 음성을 함께 녹음할 수 있다. 단, 이때에는 블루투스 키보드를 이용하는 것이 좋다. 그래야만 음성 녹음 시에 잡음이 들어가지 않는다.

05

형식은 내용을 지배한다

"아이디어 있으면 여지없이 쏟아내서 에버노트에 올려주십시오. 오늘 회의는 여기서 끝!"

강윤은 화면 속에서 밝게 웃고 있었다. 민호는 시차적응을 하기도 전에 회의준비부터 했지만 화상 회의는 처음이어서인지 피곤함보다 신기함이 앞섰다. 회의실을 나오며 덕규가 말을 걸었다.

"임원진 회의에서는 이사님이 알아서 잘 하시겠지?"

"네. 사장님과 이사님이 미국에 계시니 이번처럼 화상 회의로 하신다는 것 같아요. 저희도 준비를 철저히 더 해야겠어요."

"두 분이 출장 중이신데 프레젠테이션이라······ 내가 그냥 확, 아니다. 아니야."

스마트워크 시스템 구축에 대한 임원진 회의가 내일이었다. 지난 회의에서 스마트워크 시스템을 구축한다는 결정은 내렸지만 전사 차원에서 어떻게 시행할 것인지에 대한 협의는 또다른 난제였다.

유리한 점도 분명히 있었다. 1인 가구를 위한 유기농 식자재가 의외의 히트를 친 데는 스마트워크가 분명히 큰 역할을 담당했다. 그 경험은 태스크포스 팀 전체에 큰 도움이 되었다.

그러나 현장에서 실무를 통해 직접 경험하지 못한 임원진들을 설득하려면 철저한 준비가 필요했다.

임원들이 회의실로 하나둘씩 들어오기 시작할 때부터 민호는 속이 울렁거렸다. 이렇게 규모가 크고 결정권이 막강한 사람들 앞에서 팀의 일원으로 프레젠테이션을 보는 것은 처음이었다. 옆에서 보기만 해도 떨렸다. 화면에 강윤의 얼굴이 보였다.

"안녕하십니까? 스마트워크 태스크포스 팀 프로젝트 프레젠테이션 시작하겠습니다."

실시간 화상화면으로 이뤄지는 회의는 익숙한 형태는 아니었지만 크게 위화감을 느낄 정도도 아니었다.

"스마트워크. 우리 회사는 그리고 우리 직원들은 이것을 왜 해야 할까요? 또 어떻게 할 수 있을까요? 오늘 프레젠테이션은 스마트워크를 왜, 누가, 어떻게, 언제 해야 하는지에 대한 당위성을 설명하고 여기 계신 임원분들께 프로젝트 진행 여부에 대한 생각과 판단을 듣는 자리입니다."

강윤이 리모콘 버튼을 누르자 어둡던 화면이 바뀌었다.

스마트+워크=?

화면을 가득 채운 글자와 함께 귀엽게 생긴 아이가 호기심 어린 눈으로 무언가를 궁금해 하는 표정의 사진이 함께 올라왔다. 사진 덕분에 회의실의 분위기는 한결 부드러워졌다.

"스마트워크, 그게 뭘까요? 똑똑하게 일하는 방법은 무엇일까요? 현재 한국은 스마트폰 기반의 현장 중심 모바일 오피스가 확산되고 있습니다. 그렇기 때문에 창의적인 지능형 업무환경 지원이 필수겠지요. 미국은 이미 1980년대부터 스마트워크를 도입하기 시작했으며 특히 IT 인프라가 잘 갖춰진 우리나라의 많은 기업들은 현재 업무 환경의 변화를 최우선과제로 생각하고 있습니다."

회의실에 있는 모든 사람들은 화면에 집중하면서 한 마디도 놓치지 않았다. 민호는 회의실의 모습을 최대한 그대로 느낄 수 있도록 동영상으로 촬영했다. 강윤의 목소리가 이어졌다.

"스마트워크 근무자들에 따르면 스마트워크로 인해서 출근 시 겪는 교통 혼잡 등에 따른 신체적 피로감을 줄일 수 있고, 시간 낭비도 훨씬 덜하다고 합니다. 업무 만족도가 높아진 것은 당연한 일이겠지요. 회사 차원에서는 사무 공간이나 운영비용 절감을 할 수 있는데요. 미국의 대형 통신회사인 에이티앤티$^{AT\&T}$나 네트워크 공룡으로 불리는 시스코^{Cisco}의 경우 20~30퍼센트, 다국적 기술 및 컨설팅 회사인 아이비엠^{IBM}은 50퍼센트나 줄였다고 하니 그냥 지나치고 말 문제가 아니죠."

듣던 사람들 중 일부는 한숨을 내쉬었다. 세계 유수의 기업들은 이미

발 빠르게 시작해서 비용을 저렇게 줄이고 있다니 놀라웠다.

"국내 350만 명이 스마트워크를 한다고 가정했을 때 출퇴근 시간 2.5만 년, 이산화탄소 46만 톤, 직접 비용 절감 3,300억 원 그리고 직원 만족도와 자기 계발 여지를 넓혀 실제적인 삶의 질도 개선된다는 분석 결과가 있었습니다. 실제로 스마트워크를 하는 직원들의 만족도는 대단히 높고요."

강윤은 잠시 말을 멈췄다가 정면을 똑바로 보면서 목소리에 한층 힘을 주었다.

"스마트워크로 단련된 직원들은 어디에서 무슨 일을 해도 성과를 냅니다. 일하는 방법을 알고 있기 때문이죠. 그들은 물고기를 요리할 줄 알 뿐만 아니라 잡는 법도 아는 사람들이니까요."

회의장에 숨소리마저 들리지 않을 정도로 조용해졌다. 강윤은 임원들의 질문에 충분히 동의하고 공감하면서도 굳건하게 지키고 있는 스마트워크의 필요성을 설득하고 있었다.

강윤의 프레젠테이션은 두고두고 공부해도 좋을 교재였다. 강윤을 볼 때마다 민호는 늘 자신의 업무방식이 비효율적이라고 생각하며 고민했는데 이것은 단순히 도구를 사용하는 것에 국한된 것이 아니었다. 프레젠테이션을 준비하고 아이디어를 내는 과정도 마찬가지였다.

민호는 자신의 업무방식에 대해서 다시 생각했다. 강윤의 발표에 인상적인 것이 여러 군데 있었다. 데이터와 팩트를 언급할 때 표 한 장, 그래프 하나 띄워놓고 숫자만 설명하지 않았다.

강윤은 호흡하듯, 자연스럽게 이야기를 풀어냈다. 명확한 숫자와 그래프 사이사이에 스토리를 넣고 팩트를 각인시키되 비유를 넣어 기억하기 쉽게 하는 방법을 사용했다.

이번 프레젠테이션에서 크게 배운 것이 있다면 바로 스토리와 플롯이 팩트를 살린다는 점이었다. 또 하나는 비주얼이 갖는 힘이었다. 하나의 슬라이드에 하나 이상의 키워드를 넣지 않고 정보는 말로, 느낌은 이미지로 전달했다.

글자보다는 이미지, 이미지보다는 영상을 선호했다. 프레젠테이션을 듣는 사람의 입장에서 준비한다는 뜻이었다.

또한 반응을 보며 그때그때 조금씩 흐름을 바꾸기도 했다. 복잡한 도구를 사용하지도 않았다. 간단한 이미지와 영상만으로도 울림을 주고 있었다.

'화려한 기기를 쓴다고 훌륭한 프레젠테이션이 되는 것은 아니구나!'

민호는 감탄했다. 강윤은 말하고자 하는 목표가 분명했다. 듣는 사람들이 무엇을 원하는지 훤히 알고 있는 것 같았다. 말에는 군더더기가 없었고 불필요한 손동작도 없었다.

의도는 명확했고 필요한 일이 무엇인지 단계별로 정리되어 있었다. 시장의 현황과 향후 과제까지 일목요연했다. 그야말로 잘 짜인 한 편의 다큐멘터리를 보는 듯했다.

프레젠테이션이 거의 막바지에 이른 듯했다. 잠시 시간이 흐른 후 화면에 커다랗게 문장 하나가 떠올랐다.

Why not?

강윤은 회의실에 있는 사람들을 바라보는 듯 시선을 고정시켰다.

"우리라고 못 할 이유는 없습니다. 이제 우리의 차례입니다. 경청해 주셔서 감사합니다."

임원들은 박수를 쳤고 곧이어 회의실에 불이 켜졌다.

"질의응답 시간을 갖겠습니다. 질문 있으신 분은 해주세요."

중후한 인상의 임원 한 명이 손을 들었다.

"좋은 건 알겠습니다. 그런데 왜 지금 시점에 도입해야 하는 겁니까?"

"유통회사에서 속도는 생명입니다. 열심히, 많이 일하는 것만큼이나 중요한 것은 효율적으로 일하는 것입니다. 24시간 공부하든 1시간 공부하든 100점을 맞으면 되는 수험생처럼 우리 회사 역시 밤을 새든 1시간을 일하든 주어진 일을 처리하면 됩니다. 이런 회사의 업무 특성상 스마트워크를 하지 않을 이유는 없습니다. 인프라는 저희가 만들겠습니다. 우리 회사의 인재들은 충분히 새로운 환경을 받아들이고 자신의 잠재력을 극대화할 능력이 있습니다."

기다렸다는 듯 질문이 쏟아졌다.

"업무 특성에 관한 이야기를 했는데, 우리 회사는 협업이 많습니다. 이럴 경우 스마트워크는 오히려 효율성을 떨어뜨리지 않을까요?"

"아닙니다. 스마트워크는 오히려 공유를 통한 협업을 이끌기 때문에 효율성을 극대화합니다. 올 상반기 신규 사업으로 런칭했던 1인 가구 유기농 식자재 사업에서 이미 확인한 바 있습니다."

"관리자가 직접 감독하지 않아서 생기는 문제는 없을까요? 직원들이 스마트워크를 한답시고 하루 5시간만 일한다면 스마트워크는 스마트해 질 수 없잖아요."

"10시간 일할 분량을 5시간에 끝낸다고 회사를 땡땡이치는 사원들은 없을 겁니다."

강윤의 말에 웃음이 터졌다. 팽팽하던 분위기가 부드러워지자 강윤 이 다시 말을 이었다.

"오히려 일에 치이지 않는 시간은 반드시 필요합니다. 일에 대해 생 각할 시간이 확보되어야 방향을 점검할 수 있으니까요. 스마트워크 는 주어진 일을 해결하는 데 급급하던 시간을 줄이고 더 큰 그림을 보게 합니다. 그럴 때 일에 대한 자신만의 인사이트가 생기니까요."

"시스템 구축을 위해 필요한 비용이나 시간은 충분히 가치 있는 것 입니까?"

"태스크포스 팀의 선례를 보면 충분히 있다고 생각합니다. 현재 1인 가구 식자재 사업으로 얻은 상반기 순이익은 지난 2년 동안 시작한 신규 사업의 전체 순이익과 맞먹는 결과입니다. 시장의 니즈를 잘 파악했던 점이나 광고효과도 있었지만 후발주자로 출발했음에도 불구하고 순발력 있게 치고 들어가 1인 식자재 매출에서 업계 1위가 될 수 있었던 것은 기존 업무방식에 변화를 주고 꾸준히 실행했던 것이 가장 큰 요인이었다고 생각합니다."

질문은 대체로 구체적이고 합리적이었다. 미리 보낸 자료를 읽고 충분히 숙지한 다음 회의에 들어간다는 방침이 자리를 잡았기 때문이었다.

민호는 자신이 질문의 답을 해야 하는 것도 아닌데 새로운 질문이 나올 때마다 심장이 쪼그라드는 듯했다. 예상치 못한 질문이 나올 수밖에 없는 것이 프레젠테이션이다. 보는 각도에 따라 다른 것들이 보일 수밖에 없다. 하지만 강윤은 수많은 질의응답과 논의에도 흐트러짐 없이 일관성 있는 태도로 차분하게 설득해 나갔다.

회의는 성공리에 끝났다. 민호는 그 자리에서 바로 회의 시간에 메모한 것을 사진으로 찍었다. 동영상으로 촬영한 것과 찍어둔 사진은 바로 드롭박스에 저장했다.

사무실로 돌아오니 강윤에게서 메일이 와 있었다. 화상 회의가 끝나자마자 보낸 듯했다.

앞으로 우리가 할 일과 전체적인 플랜을 에버노트에 올렸어요.

팀원들과 같이 확인하고.

오늘 회의록은 기존 버전 하나, 좀더 상세한 보고서로 만든 버전 하나 더 부탁할게요.

이번 회의는 민호에게 특별한 시간이었다. 자신의 생각과 느낌을 남기고 싶다는 마음이 강하게 들었다. 회의 자료가 저장된 드롭박스를 열었다. 컴퓨터 화면을 들여다보던 민호의 눈빛이 반짝 빛났다.

곧장 캠타시아Camtasia를 실행했다. 동영상을 편집해 주는 동영상 편집기였다. 지나치게 전문적으로 만들 필요까지 없었지만 필요할 때마다 요긴하게 쓰는 프로그램이었다.

민호는 캠타시아를 이용해 회의 동영상의 크기를 조정하고 불필요한 부분을 잘라냈다. 회의 자료를 만드는 민호의 손이 점점 빨라졌다.

"김 과장, 잠깐 나 좀 봐요."

며칠 후, 귀국한 강윤이 출근하자마자 민호를 찾았다. 방으로 들어가자 강윤이 얼굴 가득 환한 미소를 지으며 물었다.

"정말 감탄했어요. 어떻게 회의록을 그렇게 만들 생각을 했어요? 사장님께도 보여드렸더니 깜짝 놀라시던데요."

"사장님께서요?"

놀란 민호를 앞에 두고 강윤은 싱글벙글 웃기만 했다.

"이젠 나보다 더 나아. 정말 이번에 김 과장한테 한 수 배웠어요. 형식이 내용을 지배한다는 새로운 사실도요."

강윤이 감탄한 건 지난번 회의가 끝난 후 민호가 만든 보고서였다.

회의 내용을 파워포인트로 정리한 후 파워포인트 자료에 맞춰 중요한 결정과 의견들을 음성으로 녹음했다. 파워포인트를 보면서 녹음 파일을 들으면 마치 현장에 그대로 있는 듯했다.

회의를 촬영한 동영상도 있었지만 거의 한 시간 가까이 되는 것이었다. 민호가 만든 보고서는 중요한 내용만 간추린 15분짜리였다.

강윤의 칭찬을 들은 후 스마트워크에 대한 자신감이 부쩍 늘었다. 일하는 것 자체가 즐거워졌다. 배우면 알게 되고, 알면 쓰게 되고, 쓰면 편해지고, 편해지면 자신감이 붙는다는 걸 경험으로 깨닫는 중이었다.

"실행하고 실천해야 아는 게 있는 법이구나."

민호는 최근 강윤과 함께 한 일들을 다시 한 번 돌아보았다. 생활과 업무력에 변화가 생기기 시작하는 것을 강하게 느꼈다. 출근하는 하루하루가 새롭고 즐거워지는 것도 커다란 변화였다.

프레젠테이션 예행 연습

파워포인트 등에는 프레젠테이션 녹음이라는 기능이 제공된다. 이 기능을 이용하면 실제 슬라이드 쇼를 진행하면서 마이크에 녹음을 하면서 프레젠테이션 연습을 해볼 수 있다.

이렇게 녹음한 프레젠테이션은 재생해서 살펴본다. 프레젠테이션에 자신이 없는 경우에는 이 기능을 통해서 여러 번 반복적으로 연습하고 확인할 수 있다. 또한 전체 발표 시간을 파악할 수 있어 편리하다.

포켓

지금까지는 인터넷 서핑을 하다가 원하는 정보가 있는 웹사이트를 찾으면 브라우저에 즐겨찾기를 해놓았다. 하지만 이젠 줄줄이 사탕처럼 끝없이 이어지는 즐겨찾기에서 내가 찾는 것이 어디 있는지 헤매던 생활도 안녕이다. 포켓을 사용하면 저장하고 싶은 웹사이트를 내 폰에도 넣어둘 수 있다.

포켓을 처음 검색하던 날, 한글로 '포켓'이라고 검색했더니 주머니 포켓, 포켓몬스터, 이런 것들만 나오더군. 그래서 다시 'Pocket 앱'이라고 검색하니 비로소 내가 찾던 그 포켓이 나왔다. 포켓의 장점은 좋아하는 정보를 'Favorite'으로 표시해 중요 정보를 따로 정리해 둘 수 있다는 것.

블로그를 자주 보거나 트위터를 하는 사람들에게 유용할 듯. 이젠 외국여행 준비와 실전에 포켓은 필수다! PC, 스마트폰, 태블릿PC의 구분 없이 저장만 한다면 인터넷이 안 되는 곳에서도 저장한 페이지를 볼 수 있다. 무료 와이파이존이 많지 않은 외국에서도 유용하게 쓸 수 있다.

LTE를 끄고 포켓을 실행할 때에도 저장한 글이 보인다. 맛집 정보, 관광지 교통 정보 등 여행 정보 리스트로 저장하고 데이터 로밍을 안 해도 확인할 수 있다. 팀장님이 구구절절 포켓에 대해 침을 튀기며 설명해 주었는데 참, 사람이 변해도 무섭게 변했다. 이미 알고 있는 기능이었지만, 꾹 참고 들었다.

☞ PC에서 포켓을 사용하는 방법

● **다운로드에서 실행까지**

① http://getpocket.com 사이트에 접속해서 화면 아래 'Sign up now'를 클릭한다.

② 이메일, 성명, 비밀번호를 작성한 후 'Sign up'을 클릭한다.

● **주요 아이콘 기능 Tip**

스크랩하고 싶은 웹페이지를 발견했을 때 브라우저 상단의 ✔을 클릭하면 저장되고 PC와 모바일에서 모두 볼 수 있다.

페이지가 저장되었습니다!

Pocket 열기 ∣ 페이지 제거

태그 추가

👉 스마트폰과의 연동

● 다운로드에서 실행까지

① Play 스토어에서 'Pocket'으로 검색하여 포켓 앱을 다운로드한다.

② 가입한 아이디와 패스워드로 로그인한다.

● 주요 아이콘 기능 Tip

스마트폰 인터넷 검색으로 찾은 웹페이지를 스크랩하고 싶은 경우 우측상단의 **⋮**을 누른 후 나오는 공유를 누른다(단, 크롬으로 접속해야 함).

목록에 저장된 웹페이지를 연 화면에서 상단의 ✔를 누르면 보관소로 이동하고 ★를 누르면 즐겨찾기에 저장된다.

포켓 앱 화면 좌측 상단의 ☰을 누르면 창이 나온다. 목록의 웹페이지들을 아티클, 동영상, 이미지 등 파일 종류별로 볼 수도 있고 즐겨찾기, 보관소 창으로 이동할 수 있다.

Step 5

스마트워커에서
해피워커로

01

아이디어가 필요할 때
브레인웨이브스튜디오

　　미국 출장에 강윤과 동행했던 경험은 민호에게 여러 가지로 도움이 되었다. 우선 강윤이 평소 IT 기기를 어떻게 업무 활용하는지 내내 지켜보다 보니 재미있는 것을 관찰할 수 있었다.

　　그것은 귀국하고 나서도 마찬가지였다. 한 가지 흥미로운 사실은 강윤은 점심식사 후 자리에 앉으면 앱 스토어나 컴퓨터 사이트를 돌아다니며 새로 출시된 소프트웨어를 설치하고 지우기를 반복하는 것이었다.

　　이런 행동은 팀원들에게도 유명했다. 모처럼 팀원이 함께 식사를 하게 된 날 기헌이 물어보았다.

　　"이사님, 정말 궁금해서 물어보는 건데요. 왜 그렇게 오타쿠 같은 짓을 하세요?"

오타쿠라니. 민호는 기함할 뻔했지만 기헌은 진지한 표정이었다. 정작 웃음이 터진 사람은 강윤이었다. 강윤이 왜 웃는지 모르는 덕규만 어리 둥절한 표정을 지을 뿐이다.

"하하하. 내가 오타쿠 기질이 좀 있긴 하지."

"버릇없이 말해서 죄송합니다."

뒤늦게 기헌이 뒷머리를 긁었다. 조금은 눈치가 생긴 것도 같았다.

"그저 소프트웨어가 좋아서 그러신 것 같진 않거든요."

"음…… 신 대리가 날 잘 모르는데? 나 소프트웨어 엄청 좋아하는 사람이에요."

강윤이 농담처럼 말했다.

"엄청 좋아하는데다가 새로운 도구를 찾아 나서다 보면 업무력을 높여주는 기가 막힌 서비스들을 만나게 되거든요."

"기가 막힌 서비스요?"

눈이 번쩍 뜨인 것은 덕규였다. 하지만 기헌이 고개를 갸웃거리면서 다시 물었다.

"하지만 굳이 기존 것을 마다하고 새로운 것을 찾아 나서면 오히려 시간 낭비 아니에요? 익숙하지 않은 새로운 도구에 적응하는 데 시간도 걸리고요."

"생각해 보면 참 이상하죠? 우리는 항상 기업의 혁신을 강조하면서, 왜 개인은 그렇게 혁신에 익숙하지 않은 걸까요?"

강윤의 질문에 아무도 대답하지 못했다.

"혁신은 과거의 부정, 습관의 거부에서 시작되는 것이라고 생각해요. 더 나은 기술을 몸에 적응시키다 보면 시간은 걸리지만 그 투자한 시간의 배 아니 훨씬 더 많이 시간을 절약할 수 있는 팁이 생기죠."

"참, 이사님은 대단하십니다."

덕규가 뒷목을 만지며 말했다. 지금은 예전에 비해 스마트워크에 제법 익숙해졌지만 새로운 무언가를 배운다는 건 여전히 스트레스였다.

"저기, 이사님. 부탁이 있는데요."

이번에는 아까보다 훨씬 더 조심스러운 목소리로 기헌이 말했다.

"뭔데요?"

"이사님 컴퓨터 좀 볼 수 있어요?"

강윤은 흔쾌히 허락하며 자리에서 일어났다. 민호는 내심 속으로 쾌재를 불렀다. 어떤 새로운 소프트웨어들이 있는지 보고 싶었기 때문이다.

"우와!!!!!"

세 사람은 감탄사부터 질렀다. 듣도 보도 못했던, 처음 보는 소프트웨어들로 가득했다.

"이……이……걸 다 쓰십니까?"

덕규는 말문이 막힌 듯했다. 최근 들어 은근히 스마트워크 좀 한다고 목에 힘주고 다녔는데 강윤에 비하면 그야말로 새 발의 피였던 것이다. 강윤이 박사학위를 지닌 교수라면 자신은 초등학생에 불과했다.

"아니요. 다 쓰진 않아요. 이 중에서 유용한 것을 골라 쓰죠."

"수많은 소프트웨어 중에서도 어떤 걸 취사선택해야 할지도 어렵네요. 특히 아이디어가 막힐 때 도움이 될 만한 게 있을까요?"

강윤은 브레인웨이브스튜디오Brainwavestudio와 옴라이터OmmWriter를 추천했다.

"이건 맥 전용 버전 아닌가요?"

"신 대리가 잘 알고 있네? 하지만 유사한 프로그램을 검색해서 찾을 수 있으니 용도만이라도 알아두면 좋을 거예요."

"그런데 이건 어디에 쓰면 좋은가요?"

강윤은 프로그램을 직접 실행하면서 차근차근 설명했다.

"브레인웨이브스튜디오는 업무 집중을 할 수 있도록 도와주는 음향 소프트웨어예요."

"어? 예전에 엠씨스퀘어Mcsquare 쓴 적 있는데."

기헌이 신기하다는 듯 말했다.

"비슷해요. 일종의 엠씨스퀘어 소프트웨어 버전이죠. 아이디어를 도출하거나 보고서를 단기간 안에 작성해야 할 때 이 프로그램을 켜놓으면 집중하는데 도움이 되요."

또 한 가지는 옴라이터였다. MS워드와 같은 문서 작성기인데 오로지 간단한 텍스트로 이메일이나 메모 등을 집중해서 작성할 때 유용하다고 했다.

"현재 쓰고 있는 것만 100퍼센트 활용해서 잘 써도 충분하다고 생각할 수 있지만 새로운 프로그램에도 도전해 보세요."

자리로 돌아온 민호는 곰곰이 생각했다. 강윤의 업무력은 단순히 스마트워크를 능숙하게 다루는 기술에만 있는 것은 아니었다. 탐구력, 도전정신, 지적 호기심이 업무력의 차이를 만들고 있었다. 그러나 가장 중요한 것 하나가 더 있었다.

'업무에 대한 애정이 남다르시지.'

민호는 혼자 조용히 고개를 끄덕였다. 회사에서 강윤은 언제나 골똘히 업무에 몰입하고 있었다. 그것이야말로 결정적인 차이점이자 커다란 경쟁력이었다.

실제 강윤은 어떤 프로젝트를 맡으면 식사를 하면서도 길을 걸으면서도 심지어 이를 닦으면서도 업무에 빠져 있을 때가 많았다.

그러다 보니 남들보다 더 참신한 생각을 하고 프레젠테이션을 할 때도 남들의 질문에 즉각 대답이 가능했던 것이다. 업무에 대한 몰입과 애정은 사랑에 빠졌을 때와 비슷할 정도로 강도가 높았다.

하지만 한 가지 철저한 규칙이 있었다. 회사 업무가 자신의 일상이나 가족과 보내는 시간에 절대로 지장을 주지 않게 한다는 것이었다.

일을 사랑하고 열심히 하되 삶 전체를 지배하도록 두지 않는 것. 이것이 지금까지 강윤이 지키고 있는 신조였다. 일에서 성과를 내기 위해 반드시 긴 시간이 필요한 것은 아니었다. 때로는 짧은 시간에 집중함으로써 아이디어를 떠올릴 때도 많았다.

"자, 일합시다!"

민호는 스스로 기합을 넣고 오후 내내 업무에 몰입했다. 주변의 소리조차 들리지 않았다. 몸속 깊은 곳에서부터 활력이 솟아올랐다.

02

할 일이 쓰나미처럼 밀려온다면

　　1인 가구 식자재가 무사히 시장에 진입해서 자리를 잡았지만 내년 시장 확대를 위한 새로운 이이디어가 필요했다. 게다가 스마트워크 시스템 구축이라는 새로운 프로젝트를 시작해야 했다.

　　민호는 뉴욕 출장에서 얻은 아이디어를 바탕으로 기획안을 만들었지만 이렇다 할 진전을 보이고 있지 않았다. 강윤의 조언이 절실한 시기였지만 그는 독일 출장 중이었다.

　　디테일한 부분까지 신경을 쓰자니 어느 것 하나도 그냥 넘겨지지가 않았다. 그러다 보니 할 일이 쓰나미처럼 밀려왔다. 정신을 차리면 어느새 밖이 캄캄해진 것은 물론 밤을 새우는 날도 있었다. 점심에 무엇을 먹었는지조차 기억나지 않았다.

민호와 기헌은 연일 이어지는 야근에 지쳐갔다. 오직 덕규만이 큰소리를 쳤다.

"야, 난 링거 세워놓고 회사에서 일했어. 실려 가는 사람 아직 없잖아? 빠져가지고. 다들 왜 이렇게 연약해? 이래서 회사 생활 할 수 있겠어? 이사님 오실 때까지 뭔가 보여주자고! 내일까지 당장 기획안 2개씩 만들어오라고."

민호는 지친 마음을 속이고 강윤에게 업무에 관련된 메일을 보내며 사무실은 잘 굴러가고 있다는 내용을 썼다. 강윤에게서 바로 답신이 왔다.

"첨부파일을 보내셨네…… 뭘까?"

강윤이 보낸 메일에 첨부된 파일을 열며 한숨을 내쉬었다. 꼭 필요한 것이기에 강윤이 첨부한 것이겠지만, 지금은 자신에게 주어진 어떤 것도 버겁게 느낄 수밖에 없었다.

심지어 첨부된 파일은 용량이 작지 않은 동영상이었다. 한숨을 쉬며 동영상을 바라보던 민호의 눈이 동그랗게 커졌다.

"하하하하하."

사무실의 정적을 깨고 웃음소리가 공기를 갈랐다. 눈 밑에 다크서클이 깊게 파인 채 기헌이 왜 그러냐는 얼굴로 민호를 쳐다보았다.

"과장님, 왜 그러세요. 무섭게……."

"신 대리, 네 얼굴이 더 무섭다."

"요즘 잠을 통 못 자서 그래요. 그런데 갑자기 왜 웃으세요?"

정신없는 상황에서 웃음을 터뜨린다는 것은 일을 제대로 하고 있지 않거나 서서히 미쳐가는 징조였다. 기헌은 분명 후자일 것이라고 생각

했다.

"하하하, 아니야. 오늘 너무 늦었다. 먼저 퇴근해."

"제가 어떻게 퇴근을 먼저 해요. 기다릴 테니까 같이 가요."

"아이고, 됐다. 30분만 더 있다 갈 거니까 걱정 말고 가."

민호는 졸린 눈을 연신 비비는 기헌을 먼저 보내고 동영상을 보았다. 유머러스하면서도 잔잔한 감동을 주는 1분짜리 영상이었다. 강윤이 옆에 있는 것 같았다. 살며시 다가와 뒤에 나타나곤 했던 강윤이 그리워졌다.

메일의 제목을 읽자 왠지 울컥하기까지 했다.

지금 시간에 메일 확인? 설마 아직 사무실?

메일을 보낸 건 자정이 가까워진 시간이었다. 7시간 정도 차이 나는 시차를 생각하면 강윤은 분명 민호가 아직 일하는 중이고, 지쳐 있을 것이라고 짐작했다.

힘든 순간에는 날카로운 눈빛으로 해결책을 제시해 주는 사람보다 나의 상황과 심정을 이해해 주는 사람이 더 필요한 법이다. 민호는 메일을 천천히 읽었다.

김 과장.

지금 사무실에 있다면 큰 문제이고, 집에서 메일을 보내는 거라면 그건 더 큰 문제야. 많이 힘들 때인데 이럴 때일수록 건강관리가 중요하다는 거 알지요? 금요일 밤 늦게까지 회사 사무실에 남아 있는 건 일이 아주 많거나, 내가 일을 아주 못하거나 둘 중 하나인 경우인데 나 없는 사이 아마 일이 엄청나게 많아졌나 봐요. 오늘 이후 일요일까지는 전화와 메일이나 모든 디지털을 멀리해요. 완벽하게 떠날 수 있도록 다 꺼버려. 다른 직원들의 문제를 해결해 주는 역할까지 김 과장이 하고 있다는 거 알고 있습니다. 고마워요. 일단 오늘은 무조건 퇴근!

민호는 그 즉시 자리에서 일어났다. 더 이상 사무실에서 일하는 것이 효율적이 않다는 판단이 들었다. 급히 짐을 싸고 퇴근 준비를 했다. 휴대전화도 껐다.

한강의 아름다운 야경이 눈에 들어왔다. 줄지어 서 있는 가로등이 도시의 밤을 밝히고 있었다.

03

때로는 아날로그가 필요하다

독일 출장에서 돌아온 강윤이 부부동반으로 민호와 경인을 토요일 저녁식사에 초대했다. 편안하면서도 세련된 인테리어가 집 주인의 취향을 고스란히 보여주고 있었다.

강윤의 아내가 준비한 파스타로 저녁을 먹고 두 사람은 서재로 자리를 옮겼다. 서재 한쪽 벽면이 화이트보드로 채워져 있고 다양한 키워드가 기록되어 있었다. 디지털 기기로 가득 차 있을 것이라는 예상과 달리 서재는 아날로그 분위기가 더 강했다.

컴퓨터와 노트북도 있었지만 그보다 더 인상적이었던 것은 서재의 벽을 모두 채우다시피 한 책들이었다. 컴퓨터와 디지털 관련 책들뿐만 아니라 역사, 문화, 음악, 미술, 요리 등 분야별로 다양한 책들이 벽면 가득 빼곡하게 들어차 있었다. 한눈에 봐도 독서광이라는 게 느껴질 정도였다.

"책을 많이 읽으시나 봐요."

"생각의 힘을 기르기에 책만 한 게 없죠."

"시간도 없으실 텐데 언제 이 많은 책들을 읽으세요?"

"하하하. 시간이 없다는 건 핑계예요. 자기한테 필요하면 다 읽게 되요."

서재를 구경하던 민호는 화이트보드 앞에 섰다. 회의 때 논의했던 아이디어들이 키워드와 그림으로 기록되어 있었다.

"이사님 댁엔 디지털 기기로 가득 차 있을 줄 알았어요."

"저런, 실망시켜서 어쩌지? 이게 다예요."

"네? 정말요?"

"침실에는 휴대전화조차 갖고 들어가지 않아요. 서재를 나서는 순간 디지털과 단절하죠. 집에선 아날로그 식으로 살아요. 일은 되도록 회사에서 끝내죠.

물론 집에서도 업무와 관련된 일을 할 때도 있지만 꼭 디지털 기기를 이용하는 것만은 아니에요. 오히려 화이트보드나 메모지를 이용하는 게 더 편할 때도 있어요. 침실에도 욕실에도 손만 뻗으면 닿을 만한 자리에 수첩과 필기도구를 꼭 놓아두죠. 특히 욕실에는 샤워룸 옆에 물에 젖지 않는 필기도구를 붙여두어요. 언제든 떠오른 아이디어를 기록해 둘 수 있도록요.

중요한 순간, 필요한 것은 디지털 기기 그 자체가 아니라 집중과 몰입이에요. 아이디어의 발상이 디지털로 방해되지 않도록 생각의 흐름을 방해하는 것들은 없애버릴 필요가 있죠."

민호는 새롭게 눈이 떠지는 기분이 들었다. 스마트워크에 대해 관심도 생기고 어느 정도 하게 되었다고 생각했지만 하루 24시간, 공간 360도를 모두 디지털 기기로 채우는 것이 스마트워크는 아니었다. 스마트워크가 일의 수단일 수는 있어도 일의 목적은 아니었기 때문이었다.

"이사님은 꾸준히 커리어를 성장시켜 오셨잖아요. 원동력이 뭐였나요?"

"원동력이라…… 일에서 느끼는 재미? 하하하, 이러면 너무 대답이 재미없나?"

"저도 일이 재미있을 때가 있어요. 성취감도 느끼고요. 그런데 일은 그 자체로 스트레스를 주기도 하잖아요."

"물론이죠. 문제를 발견하고 그것의 해결점을 찾고 과정을 밟아가야 하니까. 그 과정을 즐기지 못하고 월급 때문에 억지로 일하면 일은 스트레스 덩어리에 불과하죠."

"그런데 매번 어떻게 자신을 업그레이드시키면서 일해 오셨어요?"

"우선 내가 정말 재미있어 하는 분야를 직업으로 삼았기 때문일 거예요. 아이들 게임할 때 책상에서 일어나지 않잖아요. 수학문제 풀라고 하면 한 시간에도 몇 번씩 엉덩이를 붙였다 뗐다 하는데도요. 그런데 게임에 푹 빠지면 밥도 안 먹고 잠도 안 잘 정도로 몰입하죠. 왜 그럴까요?"

"그야, 재미있으니까요."

"바로 그거예요. 재미있으니까 계속 하게 되죠. 날고 기는 놈도 계속 하는 놈한텐 당해낼 재간이 없는 거죠. 저도 처음에는 컴퓨터가 단순히 재미있었어요. 재미있어서 계속하다 보니 잘하게 되고 잘하게 되니 점점 더 재미있었죠. 잘하는 분야니까 더 파게 되고 어떻게 하면 더 잘할 수 있을까 고민하고. 그렇게 3년이 지나고 5년이 지나니까 제 위치도 일반 사원에서 팀장으로, 임원으로 바뀌어 있더라고요.

물론 실수도 있었어요. 실패로 돌아간 프로젝트도 있었죠. 하지만 난 내가 몸담고 있는 분야를 정말 사랑했고, 몇 번 실패했다고 직업을 바꾸거나 떠날 생각은 안 했어요.

실수와 실패를 거울삼아 이유를 분석하고, 기록하고, 되새김질하듯 읽고 생각했죠. 그렇게 자신만의 인사이트가 쌓이니까 더 큰 그림을 볼 줄 알게 되고, 예전에 안 보이던 것들이 보이니까 더 재미있더라고요."

강윤은 책상으로 가더니 서랍을 열었다. 그 안에는 노트와 수첩들이 가득 들어 있었다.

"이게 나의 재산이에요. 생각나는 아이디어들은 무조건 적어두죠. 나중에 엄청난 전략의 시발점이 되거든요. 노트에 적어둔 것은 따로 사진으로 저장해 두고 틈틈이 다시 봐요. 처음엔 연결도 안 되고 파편화되어서 상관없어 보이던 것들이 시간이 지나면서 잠재의식 속에 있는 수많은 콘텐츠에 융합되어 '이거다!' 싶은 형태로 튀어나올 때가 있어요."

"마치 화산 분출 같네요."

"하하하. 정확한 비유예요. 딱 그렇거든요."

"팩트와 데이터를 왔다 갔다 하다 보면 인포메이션과 인사이트가 생겨요. 예를 들면 명함관리만 해도 명함 하나는 팩트에 불과하죠. 하지만 이것을 잘 관리해서 그 사람의 인상, 개인정보와 함께 기록하면 데이터베이스를 구축해서 인포메이션이 되는 거예요. 명함 한 장은 별것 아닌 것 같지만 이게 1,000장이 되면 엄청난 네트워크가 형성되죠."

"성실함이 필요하겠네요."

"성실함이란 곧 시간을 투자한다는 거예요. 엄청난 노력이 필요하죠. 그래서 휴식을 취할 땐 의도적으로 디지털에서 멀어져 아날로그의 시간을 보내곤 해요. 디지털 속에 파묻혀 있을 땐 보이지 않던 것들이 전혀 다른 형태로 다가올 때가 많거든요."

"사실 스마트워크를 시작하고 난 후부터 효율적인 시간관리를 하고 싶다는 욕심이 생기더라고요. 그래서 일정관리도 분 단위로 짜봤는데 그게 또 스트레스가 되더라고요."

"시간을 초 단위, 분 단위로 나눈들 얻는 게 크게 없어요. 한눈에 보고 느끼면 되죠. 스트레스 받으면서까지 시간을 관리하지 마세요. 일하는 중간에 휴식이 필요하듯 가끔은 디지털에서 철저하게 멀어질 필요가 있어요."

디지털에서 멀어져 있을 때 강윤은 주로 책을 읽는다고 했다. 한 권의 책에는 보통 10년에서 30년, 혹은 100년이 넘는 지혜가 응축되어 있는 경우가 많았다. 내가 일생을 살아도 얻을 수 없는 인사이트를 책에서 얻을 수 있는 것이다.

민호는 그동안 시간이 없다는 핑계로 멀리했던 독서를 다시 시작해야겠다고 마음먹었다. 디지털을 슬기롭게 사용하기 위해서라도 더욱 책이 필요할 터였다. 돌아오는 길에 경인은 유난히 부드러운 표정이었다.

"이사님 어떤 분인 것 같아?"

"젠틀하고. 명민해 보이시고. 우리 남편이 참 좋은 상사랑 일하는구나 하는 생각이 들더라."

"배울 게 참 많은 분이지."

"그러게. 다음엔 우리가 초대하자."

민호는 고개를 끄덕였다. 오늘의 외출이 아내에게도 좋은 영향을 미친 듯했다. 경인의 손을 꼭 잡은 채 하늘을 바라보았다. 유난히 빛나는 별빛이 두 사람 머리 위를 비추고 있었다.

04

마인드맵으로 생각을 그려라

강윤의 집에 초대받아 다녀온 후 출근하는 월요일은 다른 날과 달랐다. 일은 그대로 산더미였고, 새로운 일이 몰려올 터였지만 부담감은 훨씬 줄었다.

키를 놓쳐 표류하던 배의 방향을 새로 잡듯 일에 대한 통제력을 잡은 것 같았다. 잠시 멈춰 서서 지나온 자리를 돌아보는 일이 때로는 도움이 될 때도 있었다.

다시 숨 돌릴 틈도 없이 업무가 쏟아졌다. 스마트워크 프로젝트를 확립하는 업무가 민호에게 떨어진 것이다. 파트너는 기헌이었다. 며칠 동안 회의하면서 점점 이야기를 키워나갔다.

하지만 금요일 오후가 되자 머리의 열기가 순식간에 올라서 아이디어가 떠오르지 않았다. 둘의 머리를 부딪쳐봤자 불꽃밖에 나오지 않을 것 같았다.

"잠깐 쉬었다 하자."

"네. 그런데 이 바쁜 와중에 팀장님은 어딜 가신 거래요?"

"사장님이랑 수림에 들어가신 것 같은데."

"수림은 과장님 담당 아닌가요?"

"원래 팀장님이 일군 곳이야. 수림 사장님하고도 인연이 깊지. 그나저나 요즘 팀장님, 에버노트, 드롭박스, 테더링에 크롬까지 쓰시던데."

"정말 놀라워요. 요즘엔 팀장님 일하시는 거 보면 존경스럽다니까요."

스마트워크를 시작한 이후 민호도 기헌도 많이 변했지만 가장 달라진 인물은 덕규였다. 스마트워크 이야기만 꺼내도 미간을 찌푸리던 몇 달 전에는 상상도 할 수 없던 일이었다.

현장에 나가 있어도 수시로 사진을 찍어서 카카오톡에 올리고 유튜브로 동영상을 찾아 보냈다. 스마트워크의 필요성을 느끼고 배우면서 시작된 변화였다.

"그래도 가장 존경스러운 분은 이사님이에요."

"공식 팬클럽 만들라니까. 이번엔 또 뭔데?"

"일의 책임을 확실하게 나눠주시잖아요. 부하들 일 시키고 공은 싹 뺏어가는 리더들도 많은데 이사님은 자신이 더 많은 일을 하면서도 성과는 우리에게 돌려주시는 것 같아요."

"그래서 우리가 이렇게 더 열심히, 일하는 거겠지?"

"네. 전 지금까지 회사를 위해서 일한다는 생각은 없었거든요. 주어진 업무를 나 개인적인 능력으로 잘해내고, 주변의 인정을 받는 게 중요했지, 팀에서 함께 일한다는 감각도 별로 없었고요. 그런데 지금은 함께 무언가를 만들어간다는 느낌이 들어요. 그게 굉장히 멋져요."

"그렇게 갑자기 커밍아웃하면 어떡하나?"

민호는 장난 섞인 눈으로 기헌을 쳐다보았다.

"에이~ 왜 그러세요?"

"신 대리가 있어서 든든해. 한숨 돌렸으니 이제 들어갈까? 이번엔 뭐 좀 나와야 할 텐데."

이번 주 안에 기헌과 함께 스마트워크 시스템 프로젝트에 대한 아이디어를 내야 했다. 지금까지 여러 개의 아이디어가 나왔고, 틀은 잡혔지만 그 이상은 앞으로 나아가지 않았다.

환기를 시키려고 회사를 떠나 카페에 가서도 이야기해 보고 워크숍도 가봤지만 눈에 띄는 발전은 없었다. 기헌은 또다시 한숨을 내쉬었고 민호는 겉으로 표내지 않았지만 초조해졌다.

"뭐가 문제일까요?"

"하나씩 검토해 볼까?"

두 사람은 자료를 펼쳐놓고 무엇이 부족한지 디테일한 부분까지 하나씩 검토했다.

"하나하나 보면 별문제가 없는데요."

"응. 그런데 뭔가 허전해. 재료들은 다 있는데 막상 그걸로 요리를 하면 맛이 안 날 것 같은 느낌?"

"확실하게 하나로 이어진다는 기분이 들진 않죠."

"그래. 일단 우리 뽑을 것들은 다 뽑은 것 같고. 근데 이게 전체적으로 연결되는 느낌이 없다는 건데. 그건 좀더 생각해 보자."

에버노트 목록을 살펴보는데 직원교육 프로그램이 눈에 띄었다. 얼마 전 직원교육 프로그램의 목록에서 본 마인드맵이 생각났다. 흐름을 만들기 위해서 마인드맵을 사용해 보면 어떨까 하는 생각이 들었다.

민호의 눈치를 보던 기헌이 조심스레 물었다.

"불금인데…… 놀러 갈 수 없겠죠? 과장님?"

"신 대리 일요일에 출근하라고 하면 혀 깨물겠지?"

"아뇨. 전 일요일이 나아요. 오늘 놀려면…… 하하하."

"그래? 그러면 우리 내일은 각자 좀 생각하고 일요일에 볼까?"

"좋죠!"

상기된 얼굴로 기헌은 가방을 챙겨 엘리베이터를 향해 걸어갔다. 민호는 아쉬움이 남았다. 기헌의 잠재력을 좀더 *끄*집어내고 싶었기 때문이었다.

기헌은 영리했고, 좋은 아이디어들을 곧잘 냈지만 어딘가 결정적인 한방이 아쉬웠다. 좀더 나올 게 있는데 적정한 선에서 멈춘 느낌이 들었다. 스마트폰으로 마인드맵에 대해 찾아보았다.

토니 부잔Tony Buzan이라는 사람이 1971년에 처음 만든 마인드맵은 학생부터 비즈니스맨들까지 많이 사용하고 있었다.

"마인드맵의 장점이라. 첫째, 필요한 단어만을 기록하고 읽기 때문에 시간을 절약한다. 지금 시간이 없으니 이건 필수고. 둘째, 핵심 단어를 사용하기 때문에 집중력과 창의력을 높인다. 음, 짧고 굵게 나가야지.

핵심 단어를 모르면 1분 이야기할 걸 한 시간씩 이야기하게 되니까."

이 밖에도 좌뇌와 우뇌를 동시에 사용하기 때문에 두뇌가 민첩하게 움직여 빠르게 이해한다는 내용을 담고 있었다. 기헌은 직관을 이용해서 아이디어를 툭툭 뱉어내는 스타일이기 때문에 분석적인 방법보다 나이브하게 풀어가는 것이 훨씬 더 쉬울 것이라는 생각이 들었다.

"하지만 도무지 개운하지가 않단 말이야……."

생각에 잠겨 걷다 보니 어느새 아파트 정문 앞이었다.

"아무리 생각해도 신기하단 말이야. 내 발은 어떻게 내 집을 기억하고 있는 거지?"

몸 안 오장육부에 집을 찾아오는 앱이라도 탑재되어 있는 것일까. 저절로 집을 찾아오는 자신처럼 생각이 막혔을 때도 목표를 향해 가면 얼마나 좋으랴.

"내려주고 그냥 가. 인사하면 앉아야 하고, 앉으면 오래 있어야 돼."

"응. 알았어."

민호는 아내와 아이들을 키즈 카페 앞에 내려주었다.

"그런데 내일 또 출근? 내가 일요일에 혼자 애들이랑 노는 동안 딴 여자 만나는 거 아니지?"

경인이 짓궂은 농담을 던지는 걸 보니 연애할 때 생각이 났다. 연애할 때 아내는 민호를 당황스럽게 하는 농담들을 즐겨 했다.

"뭐 그런 말을 하냐! 그나저나 데이트 좀 해야 하는데……."

"데이트? 그게 어디에 발라 먹는 잼 이름이더라?"

"오후 4시까지 데리러 오면 되지?"

차 문이 닫히기 전에 민호는 윙크를 날렸다. 경인이 환하게 웃었다. 키즈 카페 주변에 주차한 후 태블릿PC를 들고 지하철역까지 걸었다. 플랫폼에는 등산을 가려는 사람들로 가득했다. 종점과 가까운 정류장이라 쉽게 자리를 찾을 수 있었다. 태블릿PC를 켰다.

생각을 정리하고, 일의 순서를 정할 때, 자료정리와 아이디어를 끄집어낼 때 마인드맵은 유용했다. 마인드맵은 이미 앱의 세계로 들어와 있었다.

마인드맵으로 키워드를 넣으면서 전체적인 흐름을 다시 한 번 파악해 보았다. 선이 이어져갈 때마다 홍수로 범람해서 어디가 어디인지 알 수 없게 된 토지에 새롭게 구역이 설정되면서 경계가 생기는 듯했다.

정리되지 않는 생각들이나 여러 가지 업무를 한눈에 알아볼 수 있도록 만들고 싶을 때 특히 유용했다.

경인과 아이들을 데리러 돌아왔을 땐 처음보다 훨씬 가벼운 마음이었다. 걷는 동안 주변을 살펴보았다. 어떤 사람들은 오후의 여유를 즐기며 환하게 웃고 있었다.

그러나 어떤 사람들은 심각한 얼굴로 땅만 보며 걸었다. 누군가는 열심히 통화 중이었고, 누군가는 노천카페에서 커피를 마시고 있었다. 비슷해 보였지만 같은 사람은 한 명도 없었다.

각자 자신의 삶을 살면서 느끼고 생각하는 것이 다를 터였다. 한 사람도 같은 사람은 없듯, 똑같은 삶은 어디에도 없었다.

"아! 그거다!"

민호는 제자리에 우뚝 섰다. 무엇이 문제였는지 정확하게 알 것 같았다. 자신과 기헌에게 없었던 것, 그러나 강윤의 프레젠테이션에는 있었던 것, 바로 임팩트 있는 스토리였다.

마인드맵 소프트웨어

마인드맵 소프트웨어의 종류는 다양한데 쓸 만한 것들은 대부분 유료이다. 만일 애플의 제품을 이용하는 사용자라면 마인드노드Mindnode를 추천하고, PC를 사용한다면 싱크와이즈Thinkwise라는 국산 소프트웨어를 추천한다. 마인드맵은 맥, 아이폰, 아이패드 등의 애플 제품들을 사용하는 경우에 유용하게 사용할 수 있다. 특히 사용법이 간단하고 직관적이라 초보 사용자에게 적합하다. 반면 싱크와이즈는 협업이 가능해 회사에서 여러 명이 동시에 사용할 때 유용하며 다양한 템플릿이 제공되어 고급 사용자에게 적합하다.

이들 프로그램을 이용하면 PC와 스마트폰, 태블릿PC를 넘나들며 마인드맵을 작성할 수 있다. 단, 같은 프로그램을 이용하지 않으면 호환이 되지 않으므로 마인드맵으로 작업한 문서를 공유할 때는 이미지 파일이나 PDF로 변환해서 공유해야 한다.

05

일의 노예에서
진정한 삶의 주인으로

일요일 오전, 기헌과 만난 민호는 마인드맵에 대해 이야기했다. 의욕이 넘치는지 기헌은 이미 마인드맵 앱을 열고 있었다. 그동안 뽑아 둔 단어들을 쭉 적었다. 단어끼리 연결하면서 그들을 묶을 수 있는 이야기를 만들었다.

스토리를 만들어내다 보니 곁가지로 많은 단어들이 나왔고 훨씬 풍성한 내용을 만들 수 있었다.

"우리가 하려는 일이 스마트 기기를 위한 게 아니잖아. 사람을 위한 일이지."

"그렇죠. 스마트워크를 하는 목표가 일의 노예가 되는 게 아니라 진정한 삶의 주인이 되는 거니까요."

"내가 하고 싶은 이야기도 바로 그거야. 진정한 삶의 주인. 그래서 이것을 어떻게 스토리로 이어갈 수 있을까 생각해 봤는데……."

마인드맵을 빠른 속도로 따라가던 민호가 어느 순간, 침묵을 지키더니 다시 말을 꺼냈다.

"일과 사랑. 결국 우리 인생은 이 두 가지로 요약되는 거 아닐까?"

"일과 사랑이요?"

"응. 자신의 일을 통해 사회에 기여하고, 관계를 통해 사랑을 나누는 거지."

"뭔가 엄청나게 가슴이 와닿네요."

"우리가 살아가는 데는 일과 사랑 둘 다 필요한 것 같아. 일에만 치우치거나 관계에만 매달리면 균형이 안 맞으니까 어딘가 외로울 것 같고 말이야."

"맞아요. 저도 스마트워크 시스템을 갖추는 프로젝트를 하면서 계속 고민해 왔던 게 있는데, '일을 왜 하지?'라는 의문이 들었거든요. 예전엔 그냥 생각 없이 했어요. 주변 사람들을 배려한다거나 그런 건 안중에도 없었고요. 그런데 그날 있잖아요."

기헌의 목소리가 낮게 변했다.

"팀장님이 저 무지막지하게 깨던 날, 과장님이 옆에 서 있어주셨잖아요. 제 대신 고개 숙이면서 사과까지 하시고. 그때 처음으로 '아, 누군가 내 옆에 있다는 건 참 힘이 되는 일이구나' 그런 걸 알았어요."

그날은 생생하게 기억하고 있었다. 덕규의 분노가 정당한 것은 아니라고 생각했지만, 자신이 할 수 있는 일은 없었다. 그렇다고 기헌을 홀로 내버려둘 수도 없었다. 자신이 할 수 있는 일은 그저 옆에 서서 같이 겪고 견디는 것뿐이었다.

"늘 묻고 싶었어요. 과장님은 그때 왜 그러셨는지."

"왜가 어딨냐. 한솥밥 먹는 처지에."

민호는 일부러 가볍게 기헌의 어깨를 툭 쳤다. 연민이라면 연민이고, 동료의식이라면 동료의식일 터였다. 하지만 한 가지 확실하게 깨닫게 된 일이 있었다.

누군가에 대한 연민으로 시작했어도 그 사람을 믿고 어깨를 걸면 그 순간 연대하기 시작한다는 것이었다. 과거의 기억에만 사로 잡혀 기헌을 새롭게 보지 않고, 마음을 열지 않았다면 오늘 같은 날은 오지 않았을 것이다.

돌아보면 자신도 변했고, 기헌도 변했고, 심지어 덕규도 변하고 있었다. 강윤도 아마 많은 부분 변해왔을 것이다.

"역시 사람은 변하는 거야. 일과 사랑을 통해서."

강윤을 변하게 한 것이 무엇이었을까? 그는 현재 자신의 상황에 안주하지 않고 어떻게 하면 일을 잘할 수 있을까 끊임없이 고민하고 노력했다.

상사로서 무조건적인 권위를 내세우기보다 목표를 제시하고, 할 일의 경계를 세워주고, 나머지 리스크는 자신이 떠안음으로써 팀원들이 자발적으로 헌신하는 분위기를 만들어냈다.

강윤을 믿고 따를 수 있었던 건 그가 보여준 한결같은 믿음과 존중이었다. 일에 대한 평가는 냉정하게 내렸지만 사람에 대해서만은 온정적인 태도를 보였다. 차가운 칼바람보다 따뜻한 햇볕이 나그네의 옷을 벗게 하듯.

"일과 사랑, 삶의 질, 사회 기여, 애티튜드……."

민호는 머릿속에 있는 모든 생각을 단어로 표현했다. 지금까지는 반짝이는 아이디어가 많았어도 10분 전에 자신이 한 말조차 기억하지 못할 때가 있었는데 흐름을 잡으니 모든 아이디어가 망에 걸렸다.

두 사람은 열띤 목소리로 많은 이야기를 했다. 촘촘한 그물을 가진 어부가 되어 만선을 눈앞에 둔 느낌이었다. 시간이 지날수록 민호는 기헌의 기발함에 놀랐고, 기헌은 민호의 간결함에 감탄했다.

기헌이 지나치게 필이 충만해져 다른 길로 새려 할 때 민호는 방향을 잃지 않도록 기헌을 잘 이끌었다.

"미쳤나 봐. 우리 천재 같아요. 그렇죠? 과장님도 그렇게 생각하시죠?"

"하하하."

마인드맵으로 키워드를 뽑고, 필요한 데이터를 찾으면서 쭉쭉 뻗어가는 아이디어를 정리해 나갔다. 점점 완성되어 가는 스토리가 보이기 시작했고 빠져 있던 퍼즐 조각들이 하나 둘 맞춰지는 듯했다.

함께 일하는 즐거움을 뼛속 깊이 느낄 수 있었다. 성취감으로 인한 뿌듯함이 아니라 일 자체의 즐거움을 느낄 수 있다는 것은 기헌에게도 민호에게도 좋은 경험이었다.

완성된 마인드맵을 스마트폰으로 찍어 저장해 두고 시간이 날 때마다 들여다보았다. 출퇴근 시간에도, 잠깐 쉬는 시간에도, 밥을 먹으러 가서도, 외근하는 이동 중에도 수시로 들여다보면서 복기하고 생각을 정리했다.

새롭게 떠오르는 아이디어가 있으면 바로 메모해 두었다. 다시 볼 때마다 더 많은 인사이트를 얻을 수 있었다. 신규 사업 태스크포스 팀이 꾸려지고 프로젝트를 시작한 지, 6개월. 새로운 출발을 눈앞에 두고 있었다.

다음 달, 임원진 앞에서 선보일 스마트워크 실행방안에 대한 프레젠테이션이 그 첫 번째 신호탄이었다. 프레젠테이션을 맡을 사람은 바로 민호였다.

월요일에 출근하는 발걸음이 어느 때보다 가벼웠다. 가장 먼저 출근한 줄 알았는데 자신보다 먼저 출근한 사람이 있었다.

"어서 와요. 일찍 출근했네."

"이사님!!!"

달려가다시피 다가가 강윤을 반겼다. 완성된 기획안보다 더 반가운 존재였다.

"어젯밤에 보낸 기획안 확인했어요. 일요일에도 출근이라…… 좋지 않아요."

"네…… 하하하. 하지만……."

"알아요. 정말 수고 많았어요. 덕분에 프로젝트에 날개를 달게 생겼어. 전체적인 흐름도 좋고. 무엇보다 일과 사랑을 주제로 한 스토리가 인상적이었어요. 정말 잘 했어요."

강윤은 아낌없이 칭찬했다. 어깨가 저절로 펴졌다. 프레젠테이션을 시작하기 전에 민호와 기헌은 기기를 꼼꼼하게 확인했다. 회의 때 간혹 기기의 오류로 프레젠테이션이 매끄럽지 못할 때가 있었다. 오늘만큼은 그런 일이 일어나지 않도록 만반의 준비를 해야 했다.

"무엇부터 확인할까요?"

"우선 프로젝터와 연결하는 방식이 RGB인지, HDMI인지 확인해 줘."

민호는 자신의 노트북과 현장의 프로젝터 연결에 문제가 생기지 않도록 주의를 기울였다. 기헌은 영상 사운드 연결하는 것까지 살펴보았다.

"무선 프레젠터 챙기셨죠?"

"응. 당연하지."

무선 프레젠터는 프레젠테이션의 가장 중요한 무기였다. 현장에 있는 프레젠터가 손에 익지 않을 경우 조작법이 익숙하지 않아 실수가 발생할 수 있었다. 작은 실수도 보는 사람 입장에서는 크게 느껴지고 불편할 수 있다. 민호는 오늘만큼은 작은 실수도 허용하고 싶지 않았다. 준비는 착착 진행되었다. 마지막 점검을 마친 후 침착하게 심호흡을 했다.

'괜찮다. 할 수 있다. 나를 믿자.'

눈을 뜨자 태스크포스 팀이 보였다. 모두 환한 얼굴로 민호를 바라보고 있었다. 가슴 깊은 곳에서부터 자신감이 차올라왔다.

공식적인 프레젠테이션이 모두 끝났다. 민호는 처음부터 끝까지 침착하게 해냈다. 기헌은 자료를 빠짐없이 준비했으며 예상하지 못했던 질문에는 강윤과 덕규가 함께 답변했다. 누가 보아도 태스크포스 팀은 일사분란하게 움직였다. 긴장했던 시간이 끝나자 박수가 쏟아졌다.

사무실로 돌아온 민호는 흥분이 가라앉질 않았다. 강윤, 덕규, 기헌을

한 사람씩 차례로 바라보았다. 이들이야말로 누구보다 든든한 아군이었다. 한 팀이었다. 강윤이 힘찬 목소리로 말했다.

"스마트워크 시스템 프로젝트가 전사 차원에서 이뤄질 겁니다. 창의적이고 효율적인 업무 시스템 개편에 대한 스토리는 업계에서도 이미 화제가 되고 있고요. 여러분이야말로 스마트워크의 주역입니다."

강윤은 잠시 말을 멈췄다가 다시 이었다. 확신에 가득 찬 목소리였다.

"스마트워크의 목표는 업무역량을 극대화해서 시간을 확보하는 겁니다. 그럼 목적은 무엇일까요? 행복한 삶입니다. 스마트워크를 통해 시간을 절약하고 그 시간을 여러분의 행복한 삶을 가꾸는 데 쓰세요. 궁극적으로는 스마트워커를 넘어서 해피워커로 거듭나길 바랍니다."

민호를 비롯해 기헌과 덕규는 고개를 끄덕였다. 일 중독자가 되기 위해 스마트워크를 시작한 게 아니었다. 회사에서 더 큰 역할을 맡으면서도 얼마든지 가족과 함께 충실한 시간을 보낼 수 있었다.

'그래, 행복하자고 하는 일인데.'

민호는 빙그레 미소를 지었다. 사건사고도 많았고 여러 가지 장애물도 많았다. 하지만 포기하지 않았다. 한 가지씩 배우면서 지금까지 걸어왔다. 도약의 순간을 향해, 한 발 크게 내디딘 것이다.

이제야 비로소 스마트워크라는 거대한 대양을 향해 돛을 올린 기분이 들었다.

🔅 마인드맵

처음 봤을 땐 이게 무슨 문어발이냐라고만 생각했다. 종류도 너무 많다. 무료에서 유료까지 열 가지가 넘는다. 그중에서 대표적인 무료 앱인 알마인드^{ALMind}, 엑스마인드^{Xmind}, 프리마인드^{Freemind} 등을 검색. 하지만 아쉽게도 이것들은 스마트폰이나 태블릿PC와는 동기화가 되지 않는다. 스티브 잡스처럼 아이패드로 멋있게 슥슥, 마인드맵을 확대하고 축소해 가며 멋지게 발표하려 했건만.

하지만 나 김 과장이야. 여기서 포기할 순 없지. 검색, 또 검색을 통해 PC와 연동이 가능하고 안드로이드용으로도 사용이 가능한 마인드젯^{Mindjet} 앱이 나왔다는 사실을 찾았다. 아이폰, 아이패드용 마인드맵은 여러 가지가 있는데 PC에서 사용했던 무료 프로그램 알마인드의 아이폰용 앱이 나왔다.

마인드메이플^{MindMaple}이 그것인데 메뉴가 한글 버전이라는 것! 하나씩 찾아보고 삽질하면서 이게 무엇에 쓰는 물건인고? 할 때도 있었지만 많은 스마트 도구들 중에서도 발산과 수렴 과정을 보고 싶다면 마인드맵만 한 게 없다.

특히 아이패드랑 만났을 때 최고로 빛난다. 새로운 일을 기획할 때, 사업 구상용 또는 가설 설정용으로 활용하면 좋을 듯하다. 손가락 끝으로 생각을 만들어내고 확대축소까지 할 수 있으니 이거야말로 일거양득이다.

☞ PC에서 마인드젯 마인드맵을 사용하는 방법

● 다운로드에서 실행까지

① http://www.mindjet.com 사이트에 접속하여 화면 가운데 'Try it for free'를 클릭하고, 국적, 이메일, 사용용도를 입력한다. 그후 'submit'을 누르고 'DOWNLOAD WINDOWS'를 클릭하여 다운로드한다.

② 첫 화면의 네 가지 마인드맵 유형 가운데 원하는 것을 더블클릭한다.

③ 스마트폰 앱과 같은 계정으로 로그인하면 스마트폰에서 작업하던 마인드맵을 확인할 수 있다.

● 주요 아이콘 기능 Tip

마인드맵의 배경화면을 바꾸고 싶을 때는 상단의 가운데 Design 탭을 누르고 Map Background를 클릭하여 색을 선택하고 Select Image를 눌러 원하는 이미지를 불러 올 수 있다.

메인 토픽에 병렬식으로 새로운 토픽을 만들 때는 상단의 New Topic을 누르고 하위 토픽을 만들고 싶을 때는 New subtopic을 누른다.

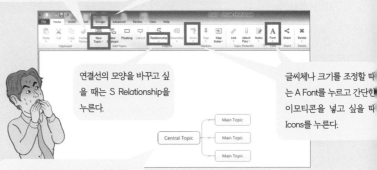

연결선의 모양을 바꾸고 싶을 때는 S Relationship을 누른다.

글씨체나 크기를 조정할 때는 A Font를 누르고 간단한 이모티콘을 넣고 싶을 때 Icons를 누른다.

토픽 안에 글자를 쓰거나 수정할 때는 토픽을 더블클릭한다.

● 다운로드에서 실행까지

① Play 스토어에서 마인드젯을 검색하여 마인드젯 맵스 포 안드로이드^{Mindjet Maps for} Android 앱을 다운받고 설치한다.

② 첫 화면의 뉴 맵을 누르고 맵 타이틀^{Map Title} 란에 주제어를 입력한다. 화면 왼쪽의 내용수정, 메모, 추가, 삭제 다섯 가지 아이콘을 이용하여 마인드맵을 만든다.

③ 화면 아래 메뉴에서 A를 누르면 글자서식을 원하는 대로 설정할 수 있다.

④ 돋보기 메뉴로 들어오면 화면을 확대, 축소할 수 있다.

⑤ 완성한 마인드맵을 저장소나 앱으로 전송하고 싶을 때 왼쪽 아래 메뉴에서 'Export'를 누르고 그림 또는 파일로 선택하여 드롭박스나 지메일, 페이스북 등으로 전송한다.

● 주요 아이콘 기능 Tip

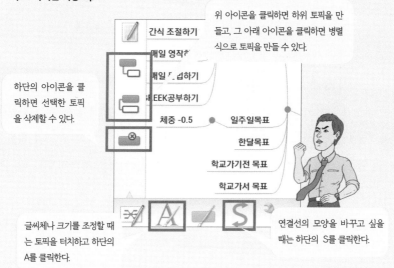

위 아이콘을 클릭하면 하위 토픽을 만들고, 그 아래 아이콘을 클릭하면 병렬식으로 토픽을 만들 수 있다.

하단의 아이콘을 클릭하면 선택한 토픽을 삭제할 수 있다.

글씨체나 크기를 조정할 때는 토픽을 터치하고 하단의 A를 클릭한다.

연결선의 모양을 바꾸고 싶을 때는 하단의 S를 클릭한다.

행복한 시작

"신 대리, 에버노트에 자료 올린 거 봤어. 정리 잘했던데?"

"그 정도야 뭘요. 팀장님 나중에 포켓 좀 보여주세요."

"남의 주머니는 왜 털려고?"

"저 몰래 좋은 거 담아놓으셨나 보려고요."

민호는 덕규와 기헌의 대화를 들으며 자신도 모르게 미소를 지었다. 1년 전만 해도 상상할 수 없던 대화였다. 덕규는 스마트워크의 필요성을 인정하지 않고 못마땅해 하던 때가 있었냐는 듯 적극적으로 디지털 기기를 업무에 활용하고 있었다.

"그런데 저희 회식 안 해요? 회식을 해야 정도 생기고 끈끈해진다고요."

"어이구. 회식한 지 한 달도 안 됐다."

"한 달씩이나 됐잖아요!"

"김 과장, 아무래도 신 대리 때문에 회식 좀 해야겠는데?"

"하하하. 조만간 한 번 하죠."

"내가 회식을 좋아해서가 아니야. 신 대리가 하도 원해서라고. 그리고 참, 우리끼리는 절대 안 돼. 이사님이 계셔야 회식의 맛이 산다고."

"당연하죠. 이사님 없는 회식은 아이돌 없는 가요계라고요."

죽이 척척 맞는 덕규와 기헌을 보면서 민호는 기어이 웃음을 터뜨리고 말았다. 안 그런 척하면서도 덕규는 막내 동생 챙기듯 기헌을 챙겼다. 기헌도 밥 먹을 땐 덕규 앞에 수저 한 벌을 놓아줄 정도로 마음을 내기 시작하더니 덕규가 물어보는 스마트워크 기기나 프로그램에 대해선 자기 시간을 내면서까지 열성적으로 가르쳐주었다.

민호는 태스크포스 팀으로 발령받아 출근하던 첫 날을 떠올렸다. 불안과 혼란으로 가득하던 그때에 비하면 일하는 즐거움이 무엇인지 요즘처럼 강하게 느낀 적이 없었다.

회사생활은 어느 때보다 만족스러웠다. 이름조차 생소하던 스마트워크는 자연스럽게 몸에 배어 습관이 되었다. 업무효율이 높아진 것은 물론이었다. 일에 대한 두려움이나 괴로움은 줄어든 반면 즐거움과 도전의식이 늘어났다.

예전에는 자신의 일을 하는 것만으로도 벅찼는데 이제는 더 많은 일을 하면서도 시간의 여유는 더 생겼다. 우물 안 개구리에서 벗어나 더 넓은 세상과 소통하는 것이 업무에 고스란히 활용되는 것도 기쁨 중의 하나였다.

특히 기쁜 일은 시간이 지날수록 단단한 팀워크가 생기는 것이었다. 정보를 바로 공유하는 것은 물론 혼자만의 성과로 가져가려는 것도 없었다. 스마트워크에 익숙해질수록 커뮤니케이션의 중요성을 다시 한 번 깊이 깨달았던 것이다.

전사 차원에서 스마트워크를 실행하는 프로젝트가 본격적으로 시작되었다. 가장 큰 일은 스마트워크가 가능하도록 시스템을 구축하는 일이었다. 지솔의 진두지휘 아래 태스크포스 팀은 일사분란하게 움직였다.

가장 적극적으로 나선 곳은 영업부였다. 새로운 시스템을 받아들일 때 생기는 거부감을 줄이는 데는 덕규의 공헌이 컸다. 그러나 덕규의 입김보다 센 것은 현장에서 체험한 스마트워크의 위력 덕분이었다.

몇 가지 툴을 배우고 익힌 것만으로도 시간이 단축되자 효율이 눈에 보였고 그것은 즉시 성과로 이어졌던 것이다. 이제 간단한 업무보고는 스마트폰으로 그 자리에서 즉시 처리할 정도였다.

"오늘 회의는 전사 차원의 스마트워크 시스템 구축을 위한 프로젝트의 현황을 확인하고 앞으로 필요한 일을 논의하기 위한 자리입니다. 다음 주 사장단 회의 때 보고할 회의 자료는 어떻게 되고 있어요?"

"오늘 오후 네 시까지 마무리해서 에버노트에 올리겠습니다."

"그래요. 김 과장만 믿어요. 그리고 영업부에서 적극적으로 나서준 덕분에 기획부와 대외협력부 등 다른 부서에서도 협조적으로 나오고 있네요. 팀장님의 역할이 컸어요."

"아이고, 이사님 덕분이지요. 저야 뭐 한 게 있습니까. 오히려 신 대리가 저 따라다니느라 고생 많았습니다."

"아닙니다. 과장님과 팀장님께서 정말 애쓰셨어요."

"하하하. 우리 팀은 이래서 좋다니까요. 참, 그동안의 수고를 생각해서 사장님께서 조만간 밥 한번 먹자고 하시네요. 적당한 날짜 정해지면 알려드릴게요."

"네!!!!!!!"

회의가 본격적으로 시작되었다. 어느 때보다 열성적으로 의견을 내놓고 각자 책임을 맡는 시간이었다. 민호는 팀원들 한 명 한 명을 바라보았다. 가능하다면 오래오래 보면서 함께 일하고 싶은 사람들이었다.

태스크포스 팀의 하루는 오늘도 이렇게 시작되었다.

스마트워크 특별전담반

초판 1쇄 2015년 10월 26일

지은이 | 김지현
펴낸이 | 송영석

편집장 | 이진숙 · 이혜진
기획편집 | 박신애 ·박은영 · 정다움 · 정다경 · 김단비 (**스투리텔링** | 스토리베리)
디자인 | 박윤정 · 김현철
마케팅 | 이종우 · 허성권 · 김유종 · 한승민
관리 | 송우석 · 황규성 · 전지연 · 황지현

펴낸곳 | (株)해냄출판사
등록번호 | 제10-229호
등록일자 | 1988년 5월 11일(설립일자 | 1983년 6월 24일)

04042 서울시 마포구 잔다리로 30 해냄빌딩 5 · 6층
대표전화 | 326-1600 **팩스** | 326-1624
홈페이지 | www.hainaim.com

ISBN 978-89-6574-506-8

이 도서의 국립중앙도서관 출판예정도서목록(CIP)은 서지정보유통지원시스템 홈페이지(http://seoji.nl.go.kr)와
국가자료공동목록시스템(http://www.nl.go.kr/kolisnet)에서 이용하실 수 있습니다.(CIP제어번호:2015027556)